В.Ф. ОДОЕ[

КОСМОРАМА

V.F. ODOEVSKII
THE COSMORAMA

EDITED WITH INTRODUCTION, NOTES,
BIBLIOGRAPHY AND VOCABULARY
BY ROGER COCKRELL

RUSSIAN
STUDIES

PUBLISHED BY BRISTOL CLASSICAL PRESS
GENERAL EDITOR: JOHN H. BETTS
RUSSIAN TEXTS SERIES EDITOR: NEIL CORNWELL

First published in 1998 by
Bristol Classical Press
an imprint of
Gerald Duckworth & Co. Ltd
61 Frith Street
London W1V 5TA

A catalogue record for this book is available
from the British Library

ISBN 1-85399-534-7

Available in USA and Canada from:
Focus Information Group
PO Box 369
Newburyport
MA 01950

Printed in Great Britain by
Booksprint

CONTENTS

BIOGRAPHICAL NOTES

Vladimir Fedorovich Odoevskii (1804-1869)

1804   31 July (Old Style), born in Moscow. Some commentators claim that Odoeskii was born in 1803.

1816   Enters Moscow University *Blagorodnyi Pansion*, graduating in 1822.

1820   First publication appears in *Vestnik Evropy* (*The Herald of Europe*).

1823   Joins the Society of Wisdom-loving (*Obshchestvo liubomudriia*).

1824-5   Editor, with V.K. Kiukhel'beker, of the literary almanac *Mnemozina* (*Mnemosyne*).

1826   Marries Ol'ga Stepanovna Lanskaia (born 1797). Moves to St. Petersburg and enters government service.

1833   Publication of *Pestrye skazki* (*Variegated Tales*).

1836   Becomes a co-editor of Pushkin's journal *Sovremennik* (*The Contemporary*).

1839   Prime mover in the refoundation of journal *Otechestvennye zapiski* (*Notes of the Fatherland*).

1844   Publication of *Russkie nochi* (*Russian Nights*), as part of a three-volume collection of his works (*Sochineniia kniazia V.F. Odoevskogo*, St. Petersburg). Effectively the end of his literary career.

1846   Made Director of the Imperial Public Library and Deputy Director of the Rumiantsev Library, St. Petersburg. Buys country estate in Finland.

1856-7   Travels abroad to Germany, France and Switzerland.

1862   Moves to Moscow. Becomes a member of the Senate.

1869   Dies 27 February (Old Style), Moscow.

INTRODUCTION

Written at the end of the 1830s *Kosmorama* was first published in 1840, in the literary journal *Otechestvennye zapiski* (*Notes of the Fatherland*). Although belonging to neither of the two cycles of stories, *Pestrye skazki* and *Russkie nochi*, which play such an important part in Odoevskii's work of the 1830s and 40s, *Kosmorama* nonetheless can be seen as one of a cluster of stories with a common theme, which may loosely be described as the fantastic or supernatural; the other stories in this group include Sil'fida (*The Sylph*) (1837), *Zhivoi mertvets* (*The Live Corpse*) (1838) and *Salamandra* (*The Salamander*) (1844). In common with these stories, *Kosmorama* has been strangely neglected: practically ignored in literary criticism, it was never even republished in Russia until the end of the 1980s.

The reluctance on the part of the Soviet authorities to republish *Kosmorama* is in some respects more understandable than the pre-revolutionary neglect of the story. After all, it could be argued, a regime committed ideologically to Marxist materialism and to educating the Russian people in the spirit of socialism would be hardly likely to offer their readers a work which emphasised the existence of another occult 'reality'; a reality, furthermore which was at least the equal of, if not superior to, the normal, everyday world and which lay outside the laws of logic and reason. Nonetheless, as will be shown below, the story can at least partly be interpreted as an attack on Russian nineteenth-century society, thereby providing grist to the Soviet critics' mill; when *Kosmorama* did eventually reappear during the perestroika years one, obviously still unreconstructed, commentator remarked that the triumph of the Count and the help given him by the forces of evil was 'proof of the unfairness of the social structure'.

Be that as it may, the welcome reappearance of *Kosmorama* was clearly a sign of the times, an indication of the more open and relaxed attitude towards literature which characterised the Gorbachev years. Furthermore, it opportunely helped to satisfy the hunger of a reading public, brought up for so long on a rather grey and carefully controlled diet, for exotic and unusual fare. Indeed, interest in such works dealing with fantastic and occult themes has only increased as the end of the millennium approaches. Yet to place too much emphasis on such themes and preoccupations would fail to do justice to an unusual and challenging story, in which the supernatural provides only one of many different perspectives for exploration and critical analysis. For readers who are coming for the first time to Odoevskii, this story, in its own idiosyncratic fashion, forms a fitting introduction to someone who was one of the most remarkable and versatile figures of his generation.

Appearing three years after the death of Pushkin in 1837, *Kosmorama* stands at the very end of the romantic period in Russian literature and on the threshold of a new era in which the emphasis in fiction is to shift increasingly towards more realistic and topical concerns. In many respects Odoevskii's story is the archetypal romantic text with its use of colourful, exaggerated language, its predilection for heightened emotion, its implied conflict between instinctive and rational behaviour with the former becoming (but not exclusively, as we shall see later) pre-eminent, and the seemingly arbitrary and unaccountable irruption of the fantastic into the normal, indicating a universe that is fundamentally incomprehensible. All this, taken together with a distinctly high-flown and somewhat archaic language, may seem, at least to the late twentieth-century observer, to lie very close to parody. Letters are 'fateful', despair is 'inexpressible', cruelty is 'implacable' and actions 'inscrutable'; thunder crashes, dreams turn into nightmares and sweat pours in cold streams; joy is rarely expressed without it being 'hitherto unsurpassed', confessions are hardly ever made without an 'involuntary shudder', and awaiting embraces, all amatory assignations indeed, are always approached at considerable speed. And just when the reader is beginning to wonder just how much more of this can be taken, the exotic language and extravagant emotion attain even greater heights in the extraordinary supernatural episodes, in which it seems that no organ stop is left unpulled by an author who is determined to achieve maximum effect.

Yet, unlike the narrator who struggles in vain to stay in command of the situation and retain his powers of reason when confronted by Sonia's demonic *alter persona*, Odoevskii remains in full control of his material throughout. The more closely we look at *Kosmorama* the more we become aware of the dimension of irony which serves both to place into perspective all the apparent romantic clichés, as well as to reveal the presence of an author who is concerned to maintain a critical distance from both characters and events. We note, for example, the subtle and beautifully underplayed manner in which the author portrays a clearly adulterous affair through the eyes of an innocent five-year-old child. Again, in the early conversations between Sonia and Vladimir, we see the contrast between the former's ingenuous insights and the latter's sophisticated ignorance. The irony is underscored by the pretentious and condescending way he views her; indeed, at one point, he examines her, with 'the attention of a connoisseur', and describes her attributes as if he were intent on buying a horse. Their relationship, moreover, is developed against the counterpoint of the much more established, not to say well-worn, relationship between Sonia and Vladimir's aunt, bringing to mind the contrast between the wilful despotism of the old Countess and the meek acceptance of her ward, Lisaveta, in Pushkin's *Pikovaia dama* (*The Queen of Spades*, 1834). We might note also in this connection the similarities between Odoevskii's Vladimir and Pushkin's hero, Hermann, to the extent that both are indisputably 'men of the nineteenth century', and both become deranged as a result of supernatural events. A little later we find Volodia remarking on certain loathsome characteristics possessed by the Count, seemingly unaware that these selfsame traits could equally well be applied to himself. Again, when Sonia/Sof'ia appears to him in her demonic form, he reacts violently against the vision that she holds out to him of their future life together based on egoistic ambition and worldly success; and yet this conforms precisely to the kind of life which he has adopted for himself and which he would most like to continue to espouse.

A further example of Odoevskii's ironic approach is apparent in the scene at the theatre which takes place after the Count's miraculous revival. Vladimir, having been invited to watch a performance of Marschner's opera *The Vampire* as part of a regime to help him return to reality after his traumatic experiences!) finds himself seated in the next box to the one containing his would-be mistress, who is now irrevocably, as he imagines, lost to him; he is reduced merely to picturing her in the alluring dress in which she had appeared to him in the cosmorama. Between him and the realisation of all his desires and supposed happiness is the grisly form of her husband, newly returned from the grave (in Volodia's imagination, even smelling of the tomb), who shudders convulsively at a climactic moment in the opera when the eponymous vampire asks a passer-by to turn him to the moon so that he can be revived. During the ensuing interval the Count and Vladimir, having been introduced to each other by the Countess, exchange pleasantries about the opera and indulge in social gossip, with the Count displaying wit as well as perspicacity. Thus, in a relatively short scene such as this, Odoevskii skilfully interweaves two crucial themes: on the one hand, the tension between social convention and natural desires, and on the other the overlapping of the normal and the fantastic.

All the above examples, and they are by no means exhaustive, are connected by a wider, more general, theme: the question of the characters' knowledge of reality, and their apprehension of the 'truth'. Such epistemological concerns would seem to imply that, despite the story's overblown, apparently parodying style, and the outlandish and incredible events it contains, Odoevskii's primary purpose in writing *Kosmorama* is deeply serious. This supposition is given extra weight at the very beginning of the story, by the epigraph with its philosophical – possibly even moralising – implications. As the story unfolds, moreover, we come to realise that it is an epigraph which refers as much to the relationship between the reader and the story as it does to any character in the story itself. In this context, the 'outside' of the epigraph is the 'real world' of author and readership, while the 'inside' is the fictional world of the story. The narrator's doubts concerning the veracity of the events that befall him are mirrored, in other words, by those of the reader, who after only a couple of pages is left in a state of confusion and indecision.

From the opening lines Odoevskii presents us with a series of different perspectives through the device of a multiple framework. The 'real-author' statement of the epigraph is succeeded by the fictional, but 'authentic' remarks of the publisher who tells us unequivocally that, although there is much in the manuscript that is unexplained, a full explanation will be forthcoming; everything will be made as clear as 2 x 2 = 4. This is immediately followed by the manuscript itself, in which the narrator, speaking from yet another but apparently equally 'authentic' perspective, informs us that he does not understand anything that he is about to recount. The stability of the story that he does tell, furthermore, is in turn undermined by the appearance of the cosmorama which gives the narrator an insight into yet another reality. These two realities – that of the narrator and that of the world of the cosmorama – again differ from each other, but they are also linked in an unfathomable way. The cosmoramic Sonia and Doctor Bin are identical in appearance to their real-world counterparts, but possess totally distinct, in many ways opposite personalities. Once trapped on the threshold between these two worlds, Vladimir is seemingly unable to have any control over the course of events which leads to such fateful consequences.

As we see from the introduction to the manuscript, Vladimir is inviting his readers share in his experiences, but to what extent is it possible to believe in a narrative that is so obviously unreliable? The doubts operate on at least two levels. Firstly, in a general sense, most readers will not be able to accept that the supernatural events that Vladimir describes actually happened. Secondly, and more specifically, Vladimir is a classic example of an unreliable narrator. It is not simply that he is unable to explain events: he is also a self-confessed liar. His behaviour and the attitudes he adopts in the presence of others, whether it be in his conversations with his aunt and Sonia, or with Doctor Bin, or more generally in society, are as much based on pretence as on pretentiousness. Revealingly, commenting at one point on his own response to a request from his aunt, he informs his readers that 'on this occasion I was not lying' (bringing to mind the paradoxical statement by the Cretan that 'all Cretans are liars'). Again, after the Count has died, Vladimir implicates his servants in his deception that, in order to be with the Countess, he has in fact left for his country estate four days earlier. Shortly afterwards he indicates, falsely, to Doctor Bin that he was unaware that the Countess was staying at the same inn.

To what extent then is Odoevskii simply practising to deceive in *Kosmorama*, presenting us with a story which is little more than a tangled web of different perspectives, each as privileged as the next, with the work as a whole apparently lacking any objective frame of reference? How much further can we go in interpreting the story than by making some sort of generalised statement to the effect that it reflects a philosophical view of a universe which is ultimately unfathomable – a universe which may possess a logical basis, but, if it does, is nevertheless not discernible? For a number of reasons, not least the fact that *Kosmorama* is unfinished, there can be no definite or final answer to such questions. If, however, there are no clear-cut solutions, we may be able to find some intriguing pointers and clues towards possible answers. What, for example, is the significance of the cluster of references which we find in the early conversations between Vladimir and Sonia? These include a famous quotation from *Hamlet*, a scene from Goethe's *Faust. Part 1*, a fable by La Fontaine, and an 'apologue', or moralising allegory, by the German theologian Krummacher.

Throughout these conversations, it should be emphasised, it is the naïve and 'ignorant' Sonia, rather than the educated and worldly-wise Vladimir, who plays the active role. Sonia's reactions, furthermore, are instinctive rather than intellectual and therefore, in so far as Vladimir (not to mention the reader) is concerned, difficult to interpret rationally. The quotation from *Hamlet*, of course, requires no further elaboration, with its reinforcement of the notion that man's apprehension of the overall scheme of things is at best limited. Such a notion is repeated with varying degrees of emphasis, or is at the very least implicit, in the other references. Vladimir draws no moral from what Sonia has to say, but continues to behave towards her as if she were simple-minded. The reader, however, can afford to be more circumspect, and pause to consider the possible reasons for focusing on these particular texts. Odoevskii, like Pushkin before him, would have had an educated and erudite readership in mind when writing his fiction. He would have expected his readers to be familiar with *Faust. Part 1*, and that when they came to reflect on Goethe's text questions would almost certainly have arisen concerning the relationship between Faust and Margareta (Gretchen), her impending execution and overall role in the work, including the idea of sacrifice. In so far as the La Fontaine fable is concerned, the primary question focuses less on one's knowledge of the world, than on moral behaviour: what are the limits of our responsibility towards our fellow creatures? The Krummacher allegory points to the contrasting behaviour between, on the one hand, someone who arrogantly decides that his own admittedly limited way of life is perfectly acceptable, that he will stick to it whatever anybody else might say, and that in any case change entails risks which he is not prepared to undergo; and, on the other, someone who is willing to take a leap into the unknown and grasp the opportunities that present themselves. In connection with this allegory, we notice also that Sonia, when responding to a typically patronising comment from Vladimir, emphasises the significance of belief (a sentiment with which he is gracious enough to concur, adopting as he does so the condescending manner 'of a man belonging to the nineteenth century').

The themes that arise, or that can be inferred, from these texts – moral responsibility, sacrifice, pride, independence and belief – are to be taken up in the course of the story and are to play a part in the undeveloped relationship between Sonia and Vladimir and in both their subsequent fates: she dies apparently in order to save him, while he recognises her value and the consequences of his arrogant and presumptuous behaviour only when it is too late. Although, characteristically, nothing is made crystal clear, we can therefore deduce from the relationship between Sonia and Vladimir that they inhabit a universe which is not based on fate alone or on totally arbitrary principles, but on some kind of hidden moral imperative. On a number of occasions in the course of the story we are told of the existence of a complex network of hidden links which bind all human actions together, and that there is not even a single word which can be uttered or a gesture made which does not have often totally unforeseen consequences. In the extraordinary vision which Vladimir experiences on the Count's return from the dead he talks of the existence of a 'magic ladder', along which even the most virtuous of sentiments can become transformed into a bestial attitude, lacking all spirituality. As for the Count himself, he is revealed as the incarnation of evil, his pernicious and irredeemably malevolent influence reaching into and destroying the lives of all those with whom he comes into contact; by the end of the story, his evil characteristics have been passed on to his children and have begun to affect even the Countess.

What about the need 'to believe', to which Sonia refers? To what extent can we place Vladimir's torment and Sonia's own suffering and sacrifice within a Christian context? There is little direct evidence for such an interpretation: although Odoevskii's philosophical position at the time of writing *Kosmorama* leaned heavily towards mysticism and idealism, he could not even during this period of his life be described as religious in the conventional sense, and he paid at best only lip service to orthodox (or, indeed, Orthodox) Christian ideas.

The story itself excludes direct references to any divinity, and there is very little suggestion of the Christian idea of redemption through suffering – an idea which is later to be so powerfully represented in the novels of Dostoevskii. Nonetheless, in Odoevskii's plans for the sequel to his story, which were never to be realised, he refers to the part to be played by 'good spirits' which would help people to live two different lives. This may help to cast some light firstly on the motivation behind Sonia's action in saving Vladimir; and, secondly, on the tantalisingly brief moment during Vladimir's vision when the veil lifts a little further to reveal the possibility of a universe governed by Manichean principles, a universe in which the forces of evil, so obviously represented by the Count, are opposed and counterbalanced by 'images of light'; linked together in an organic way, these images are able to multiply magically and to nullify the actions and deeds of the 'children of darkness'.

Although the reader's attention naturally tends to be drawn to *Kosmorama's* supernatural aspects, it would be wrong to overlook its realistic and social dimension. In the first place there are characters such as the stolid and reliable ('this world') Doctor Bin and Vladimir's garrulous aunt who help to keep the reader's feet firmly on the ground. The author adopts an ambiguous attitude towards them, combining understanding with gentle criticism, often coloured by humour. Vladimir's aunt's memory of the French revolution, for example, is largely confined to the fact that this was a time when the price of coffee went up. There is a more serious target, however: as in his earlier 'society tales', such as *Princess Mimi* (1834) and *Princess Zizi* (1836), Odoevskii is clearly using the opportunity afforded by *Kosmorama,* although in a less pronounced way, to attack the hypocrisy, emptiness and falseness of Russian social conventions. In a number of scenes, such as the opera and the soirées at the Count's house, Odoevskii demonstrates his ability, in a manner which anticipates that of Tolstoi, to combine acute perception with seemingly understated, but actually powerful criticism. On the evidence of this story, however, Odoevskii was more concerned with the raising of people's moral and spiritual awareness than in socio-political change. In this sense too *Kosmorama* is very much part of its time: the presence of a whole army of ubiquitous but practically invisible servants, who spend their lives opening doors, dressing their masters, lighting fires, carrying messages, or simply hanging around in hallways (asleep, if it is midday) reflects a way of life and attitude of mind which were shortly to be challenged and then finally swept away.

By the end of the story, however, Vladimir is no longer able to take advantage of such luxuries. Unable even to keep servants for longer than a month, he has become (or, if we cannot subscribe to the supernatural explanation of events, he perceives himself as having become) an outcast, shunned by his former friends and acquaintances; even dogs and birds avoid his company. He has struggled to retain his sanity, tried mesmerism, taken cold baths, gone for rides on horseback, but now even the advice of the reliable and sensible Doctor Bin is to no purpose. Vladimir finds himself locked in something akin to purgatory, belonging to neither the 'real world' nor to that of the cosmorama, and having derived no apparent benefit or consolation from the cosmic battles that others such as Sonia are waging on his behalf. He has of course been saved by Sonia's sacrificial action, but to what purpose? His position seems to be worse than ever: he retains his magic gift of insight, but he can act only as an 'instrument of torture', possessing merely the destructive power to wreak revenge on those who have persecuted and vilified him. The only sign of hope, and indeed the one source of albeit limited relief from his torment, are the 'tears of pure repentance' which he sheds in recognition of the pride which, we are led to infer, has been the main factor in his destruction. Perhaps it is this Via Dolorosa of penitence which could prove to be the 'steep and narrow ladder' which will lead him out of the dark cave and into the sunlight and the eventual realisation of his dreams.

Dreams, however, as we have seen, can turn into nightmares, and happiness, in this story at least, is shown to be at best elusive, and at worst illusory. The emphasis on self-sacrifice and service to others (which can entail, of course, a form of happiness), combined with the need to be aware of our responsibility for our every word and action, leaves little room for the fulfilment of individual desires. Volodia's aunt and Paul show that happiness might be possible, if only for very brief moments, but their affair constitutes an act of hubris, a flouting of an inscrutable moral law which incurs terrible consequences. As in Tolstoi's *Anna Karenina*, written three decades after *Kosmorama*, it is a law which operates through the conflict between social convention and instinctive emotion. For Vladimir himself the defining moment of such a conflict comes during the scene with the Countess, when he stands in front of her, outwardly adopting the guise of an 'educated, refined, rational European' but in reality transformed into a 'savage, inflamed by bestial desire'. Again, the hallmark is ambivalence: we cannot be sure whose voice is speaking in this passage, whether it is Vladimir's in self-mockery, or the author's. If it is in fact the author who is speaking here, then is the tone one of gentle mockery or of savage criticism? As in so much else, the ambiguity remains unresolved. It may be that such moments point to dark passions in Odoevskii's own biography; in which case, they are possibly best left unexplored.

Ambiguity within a text is of course not necessarily a positive attribute. Certainly, on the one hand, it can offer the reader an intellectual challenge, by holding out the promise of a number of different and intriguing interpretations, together with an invitation to share in the process of seeking for the 'truth'. And yet, on the other, it can lead merely to a sense of frustration and confusion: the borderline in *Kosmorama* between genuine mystery and melodramatic mystification is often blurred. Nevertheless, although the story may not rank amongst the very best of Odoevskii's works, it demonstrates many of the qualities which characterise his stories written during the course of two remarkable decades: his ingenuity as a writer, his love of literary experiment, the range and depth of his knowledge and interests, and above all the scope and richness of his fertile imagination.

BIBLIOGRAPHY

Editions

After its first appearance in 1840 (*Otechestvennye zapiski*, 1, VIII, 3) *Kosmorama* was not republished until the 1980s: see *Povesti i rasskazy* (Moscow, 1988). The text of the present edition is taken from 'Kosmorama', in *Russkaia i sovetskaia fantastika*, (Moscow, 1989) pp. 175-224, itself a reproduction of the original edition.

Translation

'The Cosmorama' in Vladimir Odoevsky, *The Salamander and Other Gothic Tales* (Bristol Classical Press, 1992) pp. 89-132, translated with an introduction by Neil Cornwell.

Critical Studies

Very little critical analysis has been published on *Kosmorama* per se, either in the West or Russia. The following works include at least some discussion of the story:

Cornwell, Neil 'Perspectives on the Romanticism of V.F. Odoyevsky', in Robert Reid (ed.), *Problems of Russian Romanticism* (Aldershot, 1986) pp. 169-208.

Cornwell, Neil *V.F. Odoyevsky. His Life, Times and Milieu* (London, 1986). Contains the most comprehensive bibliography of works by and about Odoevskii.

Cornwell, Neil *Vladimir Odoevsky and Romantic Poetics* (Oxford, 1998). Contains an updated bibliography, supplementing the information given in Neil Cornwell's earlier volume.

Sakulin, P.N. *Iz istorii russkogo idealizma. Kniaz' V.F. Odoevskii. Myslitel'-pisatel'*, vol. 1, Parts 1 & 2 (Moscow, 1913). A monumental pre-revolutionary study, full of information, but recommended only for the stouthearted.

Tur'ian, M.A. '*Strannaia moia sud'ba...*'. *O zhizni V.F. Odoevskogo'*, (Moscow, 1991). Concentrates on Odoevskii's biography, including the period relating to *Kosmorama*.

Quidquid est in externo est etiam in interno.

Неоплато́ники[2]

ПРЕДУВЕДОМЛЕ́НИЕ ОТ ИЗДА́ТЕЛЯ

Страсть ры́ться в ста́рых кни́гах ча́сто приво́дит меня́ к любопы́тным откры́тиям; со вре́менем наде́юсь большу́ю часть из них сообщи́ть образо́ванной пу́блике; но ко мно́гим из них я счита́ю необходи́мым присовокупи́ть вступле́ние, предисло́вие, коммента́рии и други́е учёные принадле́жности; всё это, разуме́ется, тре́бует мно́го вре́мени, и потому́ я реши́лся не́которые из мои́х откры́тий предста́вить чита́телям про́сто в том ви́де, в како́м они́ мне доста́лись.

На пе́рвый слу́чай я наме́рен подели́ться с пу́бликой стра́нною ру́кописью, кото́рую я купи́л на аукцио́не вме́сте с ки́пами старых счето́в и дома́шних бума́г. Кто и когда́ писа́л э́ту ру́копись, неизве́стно, но гла́вное то, что пе́рвая часть её, составля́ющая отде́льное сочине́ние, пи́сана на почто́вой бума́ге дово́льно но́вым и да́же краси́вым по́черком, так что я, не перепи́сывая, мог отда́ть в типогра́фию. Сле́дственно, здесь моего́ ничего́ нет; но мо́жет случи́ться, что не́которые из чита́телей посе́туют на меня́, заче́м я мно́гие места́ в ней оста́вил без объясне́ния? Спешу́ пора́довать их изве́стием, что я гото́влю к ней до четырёхсо́т коммента́риев, из кото́рых две́сти уже́ око́нчены. В сих[3] коммента́риях все происше́ствия, опи́санные в ру́кописи, объяснены́ как два́жды два — четы́ре, так что чита́телям не остаётся ни мале́йших недоразуме́ний: сии́ коммента́рии соста́вят препоря́дочный том in — 4[4] и бу́дут и́зданы осо́бою кни́гою. Ме́жду тем я непреры́вно тружу́сь над разбо́ром продолже́ния сей ру́кописи, к сожале́нию, пи́санной весьма́ нечётко, и не заме́длю сообщи́ть её любозна́тельной пу́блике; тепе́рь же ограничу́сь уведомле́нием, что продолже́ние име́ет не́которую связь с ны́не печа́таемыми листа́ми, но обнима́ет

1

другую полови́ну жи́зни сочини́теля.

РУ́КОПИСЬ

Е́сли бы я мог предполага́ть, что моё существова́ние бу́дет це́пью непоня́тных, ди́вных приключе́ний, я бы сохрани́л для пото́мства все их мале́йшие подро́бности. Но моя́ жизнь внача́ле была́ так проста́, так похо́жа на жизнь вся́кого друго́го челове́ка, что мне и в го́лову не приходи́ло не то́лько запи́сывать ка́ждый свой день, но да́же и вспомина́ть об нём. Чу́дные обстоя́тельства,[5] в кото́рых я был и свиде́телем, и де́йствующим лицо́м, и же́ртвою, влили́сь так нечувстви́тельно в моё существова́ние, так есте́ственно примеша́лись к обстоя́тельствам ежедне́вной жи́зни, что я в пе́рвую мину́ту не мог вполне́ оцени́ть всю стра́нность моего́ положе́ния.

Признаю́сь, что, поражённый всем мно́ю ви́денным, бу́дучи реши́тельно не в состоя́нии отличи́ть действи́тельность от просто́й игры́ воображе́ния, я до сих пор не могу́ отда́ть себе́ отчёта в мои́х ощуще́ниях. Всё остально́е почти́ изгла́дилось из мое́й па́мяти; при всех уси́лиях вспомина́ю лишь те обстоя́тельства, кото́рые отно́сятся к явле́ниям *друго́й*, и́ли, лу́чше сказа́ть, *посторо́нней* жи́зни, — ина́че не зна́ю, как назва́ть то чу́дное состоя́ние, в кото́ром я нахожу́сь, кото́рого таи́нственные зве́нья начина́ются с моего́ де́тского во́зраста, пре́жде, не́жели я стал себя́ по́мнить, и до сих пор повторя́ются, с ужа́сною логи́ческою после́довательностию,[6] нежда́нно и почти́ про́тив мое́й во́ли; прину́ждённый бежа́ть люде́й, в ежеча́сном стра́хе, что́бы мале́йшее движе́ние мое́й души́ не обрати́лось в преступле́ние, я избега́ю себе́ подо́бных, в отча́янии поверя́ю бума́ге мою́ жизнь и тще́тно в уси́лиях ра́зума ищу́ сре́дства вы́йти из таи́нственных сете́й, мне расста́вленных. Но я замеча́ю, что всё мно́ю ска́занное до сих пор мо́жет быть поня́тно лишь для меня́, или для того́, кто перешёл чрез[7] мои́ испыта́ния, и потому́ спешу́ приступи́ть к расска́зу са́мых происше́ствий. В э́том расска́зе нет ничего́ вы́думанного, ничего́ изобретённого для прикра́с. Иногда́ я писа́л подро́бно, иногда́ сокращённо, смотря́ по тому́, как мне служи́ла па́мять[8] — так я стара́лся предохрани́ть себя́ от

2

малейшего вымысла. Я не берусь объяснять происшествия, со мной бывшие, ибо непонятное для читателя осталось и для меня непонятным. Может быть, тот, кому известен настоящий ключ к иероглифам человеческой жизни, воспользуется лучше меня моею собственною историею. Вот единственная цель моя!

Мне было не более пяти лет, когда, проходя однажды через тётушкину комнату, я увидел на столе род коробки, облепленной цветною бумажкою, на которой золотом были нарисованы цветы, лица и разные фигуры; весь этот блеск удивил, приковал моё детское внимание. Тётушка вошла в комнату. «Что это такое?» — спросил я с нетерпением.

— Игрушка, которую прислал тебе наш доктор Бин, но тебе её дадут тогда, когда ты будешь умён. — С сими словами тётушка отодвинула ящик ближе к стене, так, что я мог издали видеть лишь одну его верхушку, на которой был насажен великолепный флаг самого яркого алого цвета.

(Я должен предуведомить моих читателей, что у меня не было ни отца, ни матери и я воспитывался в доме моего дяди.)

Детское любопытство было раздражено и видом ящика, и словами тётушки; игрушка, и ещё игрушка, для меня назначенная. Тщетно я ходил по комнате, заглядывал то с той, то с другой стороны, чтобы посмотреть на обольстительный ящик: тётушка была неумолима; скоро ударило 9 часов, и меня уложили спать; однако мне не спалось, едва я заводил глаза, как мне представлялся ящик со всеми его золотыми цветами и флагами; мне казалось, что он растворялся, что из него выходили прекрасные дети в золотых платьях и манили меня к себе — я пробуждался; наконец, я решительно не мог заснуть, несмотря на все увещания нянюшки; когда же она мне погрозилась тётушкою, я принял другое намерение: мой детский ум быстро расчёл, что если я засну, то нянюшка, может быть, выйдет из комнаты, и что тётушка теперь в гостиной; я притворился спящим.[9] Так и случилось. Нянюшка вышла из комнаты — я вскочил проворно с постели и пробрался в тётушкин кабинет; придвинуть стул к столу, взобраться на

3

стул, ухватить руками заветный, очаровательный ящик — было дело одного мгновения. Теперь только, при тусклом свете ночной лампы, я заметил, что в ящике было круглое стекло, сквозь которое виднелся свет; оглянувшись, чтобы посмотреть, нейдёт ли тётушка, я приложил глаза к стеклу и увидел ряд прекрасных, богато убранных комнат, по которым ходили незнакомые мне люди, богато одетые; везде блистали лампы, зеркала, как будто был какой-то праздник, но вообразите себе моё удивление, когда в одной из отдалённых комнат я увидел свою тётушку; возле неё стоял мужчина и горячо целовал её руку, а тётушка обнимала его; однако ж этот мужчина был не дядюшка: дядюшка был довольно толст, черноволос и ходил во фраке, а этот мужчина был прекрасный, стройный, белокурый офицер с усами и шпорами. Я не мог довольно им налюбоваться.[10] Моё восхищение было прервано щипком за ухо, я обернулся — передо мной стояла тётушка.

— Ах, тётушка! Как, вы здесь? А я вас сейчас там видел...

— Какой вздор!...

— Как же, тётушка! И белокурый, пребравый офицер целовал у вас руку...

Тётушка вздрогнула, рассердилась, прикрикнула и за ухо отвела меня в мою спальню.

На другой день, когда я пришёл поздороваться с тётушкой, она сидела за столом; перед ней стоял таинственный ящик, но только крышка с него была снята, и тётушка вынимала из него разные вырезанные картинки. Я остановился, боялся пошевельнуться, думая, что мне достанется за мою вчерашнюю проказу,[11] но, к удивлению, тётушка не бранила меня, а показывая вырезанные картинки, спросила: «Ну где же ты здесь меня видел? покажи». Я долго разбирал картинки: тут были пастухи, коровки, тирольцы, турки, были и богато наряженные дамы, и офицеры; но между ними я не мог найти ни тётушки, ни белокурого офицера. Между тем этот разбор удовлетворил моё любопытство, ящик потерял для меня своё очарование, и скоро гнедая лошадка на колёсах заставила меня совсем забыть о нём.

Скоро, вслед за тем, я услышал в детской, как нянюшки рассказывали друг другу, что у нас в доме приезжий, братец гусáр и проч. Когда я пришёл к дя́дюшке, у него́ сиде́ли с одно́й стороны́ на кре́слах тётушка, а с друго́й — мой белоку́рый офице́р. Едвá успе́л он сказа́ть мне не́сколько ла́сковых слов, как я вскрича́л:

— Да я знáю вас, су́дарь!

— Как знáешь? — спроси́л с удивле́нием дя́дюшка.

— Да я уже́ ви́дел вас...

— Где ви́дел? Что ты говори́шь, Воло́дя? — сказа́ла тётушка серди́тым го́лосом.

— В я́щике, — отвеча́л я с простоду́шием.

Тётушка захохота́ла.

— Он ви́дел гуса́ра в космора́ме,[12] — сказа́ла онá.

Дя́дюшка та́кже засмея́лся. В э́то вре́мя вошёл до́ктор Бин, ему́ рассказа́ли причи́ну о́бщего сме́ха, а он, улыба́ясь, повторя́л мне: «Да, то́чно, Воло́дя, ты там его́ ви́дел.»

Я о́чень полюби́л По́ля (так называ́ли да́льнего бра́тца тётушки), а осо́бливо его́ гуса́рский костю́м; я бе́гал к По́лю беспреста́нно, потому́ что он жил у нас в до́ме — в ко́мнате за оранжере́ей; да сверх того́ он, каза́лось, о́чень люби́л игру́шки, потому́ что, когда́ он сиде́л у тётушки в ко́мнате, то беспреста́нно посыла́л меня́ в де́тскую то за то́ю, то за друго́ю игру́шкой.

Одна́жды, что меня́ о́чень удиви́ло, я принёс По́лю чуде́сного пая́ца, кото́рого то́лько что мне подари́ли и кото́рый рука́ми и нога́ми выки́дывал удиви́тельные шту́ки;[13] я его́ держа́л за верёвочку, а Поль ме́жду тем за сту́лом держа́л ру́ку у тётушки, тётушка же пла́кала. Я поду́мал, что тётушке ста́ло жаль пая́ца, отложи́л его́ в сто́рону и от ску́ки приня́лся за другу́ю рабо́ту. Я взял два кусо́чка во́ска и ни́тку, оди́н её коне́ц прилепи́л к одно́й полови́не две́ри, а друго́й коне́ц к друго́й. Тётушка и Поль смотре́ли на меня́ с удивле́нием.

— Что ты де́лаешь, Воло́дя? — спроси́ла меня́ тётушка.

— Кто тебя́ э́тому научи́л?

— Дя́дя так де́лал сего́дня поутру́.

И тётушка и Поль вздро́гнули.

— Где же э́то он де́лал? — спроси́ла тётушка.

— У оранжере́йной две́ри, — отвеча́л я.

В э́ту мину́ту тётушка и Поль взгляну́ли друг на дру́га о́чень стра́нным о́бразом.

— Где твой гнедко́?[14] — спроси́л меня́ Поль. — Приведи́

ко мне его, я бы хотел на нём поездить.

Второпях я побежал в детскую, но какое-то невольное чувство заставило меня остановиться за дверью, и я увидел, что тётушка с Полем пошли поспешно к оранжерейной двери, которая, не забудьте, вела к тётушкиному кабинету, тщательно её осматривали, и что Поль перешагнул через нитку, приклеенную поутру дядюшкою, после чего Поль с тётушкою долго смеялись.

В этот день они оба ласкали меня более обыкновенного.

Вот два замечательных происшествия моего детства, которые остались в моей памяти. Всё остальное не заслуживает внимания благосклонного читателя. Меня свезли к дальней родственнице, которая отдала меня в пансион. В пансионе я получал письма от дядюшки из Симбирска,[15] от тётушки из Швейцарии, иногда с приписками Поля. Со временем письма становились реже и реже, из пансиона поступил я прямо на службу, где получил известие, что дядюшка скончался, оставив меня по себе единственным наследником. Много лет прошло с тех пор; я успел наслужиться, испытать голода, холода, сплина, несколько обманутых надежд; наконец, отпросился в отпуск, в матушку-Москву, с самым байроническим расположением духа[16] и с твёрдым намерением не давать прохода ни одной женщине.[17]

Несмотря на время, которое протекло со дня отъезда моего из Москвы, вошедши в дядюшкин дом,[18] который сделался моим, я ощутил чувство неизъяснимое. Надобно пройти долгую, долгую жизнь, мятежную, полную страстей и мечтаний, горьких опытов и долгой думы, чтоб понять это ощущение, которое производит вид старого дома, где каждая комната, стул, зеркало напоминает нам происшествия детства. Это явление объяснить трудно, но оно действительно существует, и всякий испытал его на себе. Может быть, в детстве мы больше мыслим и чувствуем, нежели сколько обыкновенно полагают; только этих мыслей, этих чувств мы не в состоянии обозначать словами, и оттого забываем их. Может быть, эти происшествия внутренней жизни остаются прикованными к вещественным предметам, которые окружали нас в детстве и которые служат для нас такими же знаками мыслей,

6

какими слова в обыкновенной жизни. И когда, после долгих лет, мы встречаемся с этими предметами, тогда старый, забытый мир нашей девственной души восстаёт перед нами и безмолвные его свидетели рассказывают нам такие тайны нашего внутреннего бытия, которые без того были бы для нас совершенно потеряны. Так натуралист, возвратясь из долгого странствования, перебирает с наслаждением собранные им и частию забытые редкие растения, раковины, минералы, и каждый из них напоминает ему ряд мыслей, которые возбуждались в душе его посреди опасностей страннической жизни. По крайней мере, я с таким чувством пробежал ряд комнат, напоминавших мне мою младенческую жизнь; быстро дошёл я до тётушкина кабинета... Всё в нём оставалось на своём месте: ковёр, на котором я играл; в углу обломки игрушек; под зеркалом камин, в котором, казалось, только вчера ещё погасли уголья; на столе, на том же месте, стояла космарама, почерневшая от времени. Я велел потопить камин и уселся в кресла, на которые, бывало, с трудом мог вскарабкаться.

Смотря на всё меня окружающее, я невольно стал припоминать все происшествия моей детской жизни. День за днём, как китайские тени, мелькали они предо мною; наконец я дошёл до вышеописанных случаев между тётушкой и Полем; над диваном висел её портрет; она была прекрасная черноволосая женщина, которой смуглый румянец и выразительные глаза высказывали огненную повесть о внутренних движениях её сердца; на другой стороне висел портрет дядюшки, дородного, толстого мужчины, у которого в простом, по-видимому, взоре была видна тонкая русская сметливость. Между выражением лиц обеих портретов была целая бездна. Сравнив их, я понял всё, что мне в детстве казалось непонятным. Глаза мой невольно устремились на космараму, которая играла такую важную роль в моих воспоминаниях; я старался понять, отчего в её образах я видел то, что действительно случилось, и прежде, нежели случилось. В этом размышлении я подошёл к ней, подвинул её к себе и с чрезвычайным удивлением в запылённом стекле увидел свет, который ещё живее напомнил мне виденное мной в моём детстве.

Признаюсь, не без невольного трепета и не отдавая себе отчёта в моём поступке, я приложил глаза к очарованному

7

стеклу. Холодный пот пробежал у меня по лицу, когда в длинной галерее космора́мы я сно́ва уви́дел тот ряд ко́мнат, кото́рый представля́лся мне в де́тстве; те же украше́ния, те же коло́нны, те же карти́ны, та́к же был пра́здник, но ли́ца бы́ли други́е: я узна́л мно́гих из тепе́решних мои́х знако́мых, и, наконе́ц, в отдалённой ко́мнате, самого́ себя́; я стоя́л во́зле прекра́сной же́нщины и говори́л ей са́мые не́жные ре́чи, кото́рые глухи́м шёпотом отдава́лись в моём слу́хе... Я отскочи́л с у́жасом, вы́бежал из ко́мнаты на другу́ю полови́ну до́ма, призва́л к себе́ челове́ка и расспра́шивал его́ о ра́зном вздо́ре то́лько для того́, чтоб име́ть при себе́ како́е-нибудь живо́е суще́ство. По́сле до́лгого разгово́ра я заме́тил, что мой собесе́дник начина́ет дрема́ть, я сжали́лся над ним и отпусти́л его́; ме́жду тем заря́ уже́ начина́ла занима́ться; э́тот вид успоко́ил мою́ волну́ющуюся кровь, я бро́сился на дива́н и засну́л, но сном беспоко́йным; в сновиде́ниях мне беспреста́нно явля́лось то, что я ви́дел в космора́ме, кото́рая мне представля́лась в о́бразе огро́много зда́ния, где всё — коло́нны, сте́ны, карти́ны, лю́ди, — всё говори́ло языко́м, для меня́ непоня́тным, но кото́рый производи́л во мне у́жас и содрога́ние.

Поутру́ меня́ разбуди́л челове́к изве́стием, что ко мне пришёл ста́рый знако́мый моего́ дя́дюшки, до́ктор Бин. Я веле́л приня́ть его́. Когда́ он вошёл в ко́мнату, мне показа́лось, что он совсе́м не перемени́лся с тех пор, как я его́ ви́дел лет два́дцать тому́ наза́д; тот же си́ний фрак с бро́нзовыми фигу́рными пу́говицами, тот же клок седы́х воло́с, кото́рые торча́ли над его́ се́рыми споко́йными глаза́ми, тот же всегда́ улыба́ющийся вид, с кото́рым он заставля́л меня́ глота́ть ло́жку ревеня́, и та же трость с золоты́м набалда́шником, на кото́рой я, быва́ло, е́здил верхо́м. По́сле мно́гих разгово́ров, по́сле мно́гих воспомина́ний я нево́льно завёл речь о космора́ме, кото́рую он подари́л мне в моём де́тстве.

— Неуже́ли она́ цела́ ещё? — спроси́л до́ктор, улыба́ясь. — Тогда́ э́то была́ ещё пе́рвая космора́ма, привезённая в Москву́, тепе́рь она́ во всех игру́шечных ла́вках. Как распространя́ется просвеще́ние! — приба́вил он с глупо-простоду́шным ви́дом.

Ме́жду тем я повёл до́ктора показа́ть ему́ его́ стари́нный пода́рок; признаю́сь, не без нево́льного тре́пета я переступи́л

8

чéрез порóг тётушкиного кабинéта, но присýтствие дóктора, особлúво егó спокóйный, пóшлый вид меня ободрúли.

— Вот вáша чудéсная косморáма, — сказáл я емý, покáзывая на неё... Но я не договорúл: в вы́пуклом стеклé мелькнýл блеск и привлёк всё моё внимáние.

В тёмной глубинé косморáмы я я́вственно различúл самогó себя и вóзле меня дóктора Бúна; но он был совсéм не тот, хотя́ сохранúл ту же одéжду. В егó глазáх, котóрые мне казáлись столь простодýшными, я вúдел выражéние глубóкой скóрби, всё смешнóе в кóмнате принимáло в очаровáтельном стеклé вид величéственный; там он держáл меня зá руку, говорúл мне что-то невня́тное, и я с почтéнием егó слýшал.

— Вúдите, вúдите! — сказáл я дóктору, покáзывая емý на стеклó. — Вúдите ль вы там себя́ и меня? — С э́тими словáми я приложúл рýку к я́щику, в сию́ минýту мне сдéлались вня́тными словá, произносúвшиеся на э́той стрáнной сцéне, и, когдá дóктор взял меня зá руку и стал щýпать пýльс, говоря́: «Что с вáми?» — егó двойнúк улыбнýлся. «Не верь емý, — говорúл сей послéдний, — úли, лýчше сказáть, не верь мне в твоём мúре. Там я сам не знáю, что дéлаю, но здесь я понимáю мой постýпки, котóрые в вáшем мúре представля́ются в вúде *невóльных побуждéний.* Там я подарúл тебé игрýшку, сам не зна́я для чегó, но здесь я имéл в видý предостерéчь твоегó дя́дю и моегó благодéтеля от несчáстия, котóрое грозúло всемý вáшему семéйству. Я обманýлся в расчётах человéческого суемýдрия; ты в своём дéтстве случáйно прикоснýлся к очарóванным знáкам, начéртанным сúльною рукóю на магúческом стеклé. С той минýты я невóльно передáл тебé чýдную, счастлúвую и вмéсте бéдственную спосóбность; с той минýты в твоéй душé растворúлась дверь, котóрая всегдá бýдет открывáться для тебя́ неожúданно, прóтив твоéй вóли, по закóнам, мне и здесь непостижúмым. Злополýчный счастлúвец![19] Ты — ты мóжешь всё вúдеть — всё, без покры́шки, без звёздной пелены́, котóрая для меня самогó *там* непроницáема. Мой мы́сли я дóлжен передавáть себé посрéдством сцеплéния мéлочных обстоя́тельств жúзни, посрéдством сúмволов, тáйных побуждéний, тёмных намёков, котóрые я чáсто понимáю крúво или котóрых вóвсе не понимáю. Но не рáдуйся: éсли бы ты знал, как я скорблю́ над роковы́м мойм даром, над ослепившею меня гордостию человека; я не подозревал, безрассудный, что чудная дверь в тебе раскрылась равно для благого и злого, для блаженства и гибели... и, повторяю, уже никогда не затворится. Береги себя, сын мой, береги меня... За каждое твоё действие, за каждую мысль, за каждое чувство я отвечаю наравне с тобою. Посвящённый! Сохрани себя от рокового закона, которому подвергается звёздная мудрость! Не умертви твоего посвятителя!...» Видение зарыдало.

— Слышите, слышите? — сказал я. — Что вы там говорите? — вскричал я с ужасом.

Доктор Бин смотрел на меня с беспокойным удивлением.

— Вы сегодня нездоровы, — говорил он, — долгое путешествие, увидели старый дом, вспомнили былое, всё это встревожило ваши нервы, дайте-ка я вам пропишу микстуру.[20]

«Знаешь ли, что там у вас, я думаю?[21] — отвечал двойник доктора. — Я думаю просто, что ты помешался. Оно так и должно быть — у вас должен казаться сумасшедшим тот, кто в вашем мире говорит языком нашего. Как я странен, как я жалок в этом образе! И мне нет сил научить, вразумить себя, — там грубы мои чувства, спелёнан мой ум,[22] в слухе звёздные звуки, — я не слышу себя, я не вижу себя! Какое терзанье! И ещё кто знает, может быть, в другом, в высшем мире я кажусь ещё более странным и жалким. Горе! Горе!»

— Выйдемте отсюда, любезный Владимир Петрович,[23] — сказал настоящий доктор Бин, — вам нужна диета, постель, а здесь как-то холодно, меня мороз по коже подирает.[24]

Я отнял руку от стекла: всё в нём исчезло, доктор вывел меня из комнаты, я в раздумье следовал за ним как ребёнок.

Микстура подействовала: на другой день я был гораздо спокойнее и приписал всё виденное мною расстроенным нервам.

Доктор Бин догадался, велел уничтожить эту странную космораму, которая так сильно потрясала моё воображение по воспоминаниям ли или по другой какой-либо неизвестной мне причине. Признаюсь, я очень был доволен этим распоряжением доктора, как будто какой камень спал с моей груди; я быстро выздоравливал, и, наконец, доктор позволил, даже приказал мне выезжать и стараться как можно больше искать перемены предметов и всякого рода рассеянности. «Это совершенно необходимо для ваших расстроенных нервов», — говорил доктор.

Кстати я вспомнил, что к моим знакомым и родным я ещё не являлся с визитом. Объездив кучу домов, истратив почти все свои визитные билеты, я остановил карету у Петровского Бульвара и вышел с намерением дойти пешком до Рождественского Монастыря;[25] (невольно) я останавливался на всяком шагу, вспоминая былое и любуясь улицами Москвы, которые кажутся так живописными после однообразных петербуржских стен, вытянутых в шеренгу.

Небольшой переулок на Трубе[26] тянулся в гору, по которой рассыпаны были маленькие домики, построенные назло всем правилам архитектуры,[27] и может быть потому ещё более красивые; их пестрота веселила меня в детстве и теперь снова поражала меня своею прихотливою небрежностию.[28] По дворам, едва огороженным, торчали деревья, а между деревьями развешаны были разные домашние принадлежности; над домом в три этажа и в одно окошко, выкрашенным красною краскою, возвышалась огромная зелёная решётка в виде голубятни, которая, казалось, придавливала весь дом. Лет двадцать тому назад эта голубятня была для меня предметом удивления; я знал очень хорошо этот дом; с тех пор он нимало не переменился, только с бока приделали новую пристройку в один этаж, и как будто нарочно выкрасили жёлтою краскою; с нагорья была видна внутренность двора; по нём[29] величаво ходили дворовые птицы, и многочисленная дворня весело суетилась вокруг краснобая, пряничника. Теперь я глядел на этот дом другими глазами, видел ясно всю нелепость и безвкусие его устройства, но, несмотря на то, вид его возбуждал в душе такие чувства, которых никогда не возбудят вылощенные петербуржские дома,[30] которые, кажется, готовы расшаркаться по мостовой[31] вместе с проходящими и которые, подобно своим обитателям, так опрятны, так скучны и холодны. Здесь, напротив, всё носило отпечаток живой, привольной домашней жизни, здесь видно было, что жили для себя, а не для других, и, что всего важнее, располагались жить не на одну минуту, а на целое поколение.

Погрузи́вшись в филосо́фские размышле́ния, я неча́янно взгляну́л на воро́та и уви́дел там и́мя одно́й из мои́х тётушек, кото́рую тще́тно оты́скивал на Моховой;[32] поспе́шно вошёл я в воро́та, кото́рые по дре́внему моско́вскому обы́чаю никогда́ не бы́ли затворены́, вошёл в пере́днюю, кото́рая та́кже по моско́вскому обы́чаю никогда́ не была́ за́перта. В пере́дней спа́ли не́сколько слуг, потому́ что был по́лдень; ми́мо их я прошёл преспоко́йно в столо́вую, передгости́ную, гости́ную и, наконе́ц, так называ́емую боске́тную, где под те́нью нарисо́ванных дере́вьев сиде́ла тётушка и раскла́дывала гран-пасья́нс.[33] Она́ а́хнула, уви́дев меня́; но когда́ я назва́л себя́, тогда́ её удивле́ние преврати́лось в ра́дость.

— Наси́лу ты, ба́тюшка, вспо́мнил обо мне́,[34] - сказа́ла она́. — Вот сего́дня уж ро́вно две неде́ли в Москве́, а не мог загляну́ть ко мне.

— Как, тётушка, вы уже́ зна́ете?

— Как не знать, ба́тюшка! По газе́там ви́дела. Вишь, вы ны́нче лю́ди то́нные, то́лько по газе́там об вас и узна́ем.[35] Ви́жу: прие́хал пору́чик ***. Ба! — говори́ла я, да э́то мой племя́нник! Смотрю́, когда́ прие́хал — 10-ого числа́, а сего́дня 24-е.

— Уверя́ю вас, тётушка, что я не мог отыска́ть вас.

— И, ба́тюшка, хоте́л бы отыска́ть, отыска́л бы. Да что и говори́ть — хоть бы когда́ стро́чку написа́л![36] А ведь я тебя́ ма́ленького на рука́х носи́ла, — уж не говорю́ ча́сто, а хоть бы в све́тлое воскресе́нье с пра́здником поздра́вил.

Признаю́сь, я не находи́л, что ей отвеча́ть, как ве́жливее объясни́ть ей, что с пятиле́тнего во́зраста я мог едва́ упо́мнить её и́мя. К сча́стью, она́ перемени́ла разгово́р.

— Да как э́то ты вошёл? Об тебе́ не доложи́ли: ве́рно, никого́ в пере́дней нет. Вот, ба́тюшка, шестьдеся́т лет на све́те живу́, а не могу́ поря́дка в до́ме завести́. Со́ня, Со́ня! позвони́ в колоко́льчик. — При сих слова́х в ко́мнату вошла́ де́вушка лет 17 в бе́лом пла́тье. Она́ не успе́ла позвони́ть в колоко́льчик... — Ах, ба́тюшка, да вас на́добно познако́мить: ведь она́ тебе́ роде́нька, хоть и да́льняя... Как же! Дочь кня́зя Мисла́вского, твоего́ двою́родного дя́дюшки. Со́ня, вот тебе́ бра́тец Влади́мир Петро́вич. Ты ча́сто об нём слы́хивала; вишь, како́й молоде́ц!

Со́ня закрасне́лась, поту́пила свои́ хоро́шенькие гла́зки и

пробормотала мне что-то ласковое. Я сказал ей несколько слов, и мы уселись.

— Впрочем, немудрено, батюшка, что ты не отыскал меня, — продолжала словоохотливая тётушка. — Я ведь свой дом продала да вот этот купила. Вишь какой пёстрый, да, правду сказать, не затем купила, а от того, что близко Рождественского Монастыря, где все мои голубчики родные лежат; а дом, нечего сказать,[37] славный, тёплый, да и с какими затеями: видишь, какая славная боскетная; когда в коридоре свечку засветят, то у меня здесь точно месячная ночь.[38]

В самом деле, взглянув на стену, я увидел грубо вырезанное в стене подобие полумесяца, в которое вставлено было зеленоватое стекло. «Видишь, батюшка, как славно придумано. Днём в коридор светит, а ночью ко мне. Ты, я чаю,[39] помнишь мой старый дом?»

— Как же, тётушка! — отвечал я, невольно улыбаясь.

— А теперь дай-ка, похвастаюсь моим новым домом.

С сими словами тётушка встала, и Соня последовала за ней. Она повела нас через ряд комнат, которые, казалось, были приделаны друг к другу без всякой цели; однако же, при более внимательном обзоре, легко было заметить, что в них всё придумано было для удобства и спокойствия жизни. Везде большие светлые окошки, широкие лежанки, маленькие двери, которые, казалось, были не на месте, но между тем служили для более удобного сообщения между жителями дома. Наконец мы дошли до комнаты Сони, которая отличалась от других комнат особенною чистотою и порядком; у стенки стояли маленькие клавикорды, на столе букет цветов, возле него старая библия, на большом комоде старинной формы с бронзою я заметил несколько томов старых книг, которых заглавия заставили меня улыбнуться.

— А вот здесь у меня Соня живёт, — сказала тётушка. — Видишь, как всё у ней к месту приставлено; нечего сказать, чистоплотная девка; одна у нас с нею только беда:[40] работы не любит, а всё любит книжки читать. Ну, сам ты скажи, пожалуй, что за работа девушке книжки читать, да ещё по-немецки — вишь, немкой была воспитана.

Я хотел сказать несколько слов в оправдание прекрасной девушки, которая всё молчала, краснела и потупляла глаза в землю, но тётушка прервала меня:

— Полно, батюшка, фарлакурить![41] Мы знаем, ведь ты петербуржский модный человек! У вас правды на волос нет,[42] а девка-то подумает, что она в самом деле дело делает.

С этой минуты я смотрел на Соню другими глазами: ничто нас столько не знакомит с человеком, как вид той комнаты, в которой он проводит большую часть своей жизни, и недаром новые романисты с таким усердием описывают мебели своих героев; теперь можно и с большей справедливостью переиначить старинную поговорку: «скажи мне, где ты живёшь, — я скажу, кто ты».

Тётушка была, по-видимому, смертная охотница покупать дома и строиться;[43] она подробно рассказывала мне, как она приискала этот дом, как его купила, как его переделала, что ей стоили подрядчики, плотники, брёвна, доски, гвозди. А я отвечала ей незначащими фразами и со вниманием знатока рассматривал Соню, которая всё молчала. Она была, нечего сказать, прекрасна: рассыпанные по плечам à la Valière[44] русые волосы, которые без поэтического обмана можно было назвать каштановыми, чёрные блестящие глазки, вострый носик, маленькие прекрасные ножки, — всё в ней исчезло перед особенным гармоническим выражением лица, которого нельзя уловить ни в какую фразу... Я воспользовался той минутой, когда тётушка переводила дух, и сказал Соне: «Вы любите чтение?»

— Да, я люблю иногда чтение...

— Но, кажется, у вас мало книг?

— Много ли нужно человеку!

Эта поговорка, применённая к книгам, показалась мне довольно смешною.

— Вы знаете по-немецки. Читали ли вы Гёте, Шиллера, Шекспира в переводе Шлегеля?[45]

— Нет.

— Позвольте мне привезти вам эти книги...

— Я вам буду очень благодарна.

— Да, батюшка, ты Бог знает чего надаёшь ей, — сказала тётушка.

— О, тётушка, будьте уверены...

— Прошу, батюшка, привезти таких, которые позволены.

— О, без сомнения!

— Чудное дело! Вот я дожила до 60 лет, а не могу понять, что утешного находят в книгах. В молодости я спросила однажды, какая лучшая в свете книга? Мне отвечали: «Россияда» сенатора Хераскова».[46] Вот я и принялась её читать; только такая, батюшка, скука взяла, что я и десяти страниц не прочла; тут я подумала, что ж, если лучшая в свете книга так скучна, что ж должны быть другие? И уж не знаю, я ли глупа или что другое, только с тех пор, кроме газет, ничего не читаю, да и там только о приезжающих.[47]

На эту литературную критику тётушки я не нашёлся ничего отвечать, кроме того, что книги бывают различные и вкусы бывают различные. Тётушка возвратилась в гостиную, мы с Софьею[48] медленно за ней следовали и на минуту остались почти одни.

— Не смейтесь над тётушкой, — сказала мне Софья, как бы угадывая мои мысли, — она права, понимать книги очень трудно, — вот, например, мой опекун очень любил басню «Стрекоза и Муравей»,[49] я никогда не могла понять, что в ней хорошего; опекун всегда приговаривал: ай-да молодец муравей! А мне всегда бывало жалко бедной стрекозы и досадно на жестокого муравья. Я уже многим говорила, нельзя ли попросить сочинителя, чтобы он переменил эту басню, но надо мной все смеялись.

— Немудрено, милая кузина, потому что сочинитель этой басни умер ещё до французской революции.

— Что это такое?

Я невольно улыбнулся такому милому невежеству и постарался в коротких словах дать моей собеседнице понятие о сём ужасном происшествии.

Софья была, видимо, встревожена, слёзы показались у неё на глазах.

— Я этого и ожидала, — сказала она после некоторого молчания.

— Чего вы ожидали?

— То, что вы называете французскою революциею, непременно должно было произойти от басни «Стрекоза и Муравей».

Я расхохотался. Тётушка вмешалась в наш разговор.

— Что у вас там такое? Вишь, она как с тобой

раскудахталась,[50] а со мной так всё молчит. Что ты ей там напеваешь?[51]

— Мы рассуждаем с кузиной о французской революции.

— Помню, помню, батюшка; это когда кофей[52] и сахар вздорожали...

— Почти так, тётушка...

— Тогда и пудру уж начали покидать;[53] я жила тогда в Петербурге, приехали французы — смешно было смотреть на них, словно из бани вышли; теперь-то немножко попривыкли. Что за время было, батюшки!

Долго ещё толковала тётушка об этом времени, перепутывала все эпохи, рассказывала, как нельзя было найти ни гвоздики, ни корицы; что вместо прованского масла делали салат со сливками и проч. т. п.

Наконец, я распростился с тётушкой, разумеется, после клятвенных обещаний навещать её как можно чаще. На этот раз я не лгал: Соня мне очень приглянулась.[54]

На другой день явились книги, за ними я сам, на третий, на четвёртый день — то же.

— Как вам понравились мои книги? — спросил я однажды у Софьи.

— Извините, я позволила себе заметить то, что в них мне понравилось...

— Напротив, я очень рад. Как бы я хотел видеть ваши заметки!

Софья принесла мне книги. В Шекспире была замечена фраза: «Да, друг Горацио, много в сём мире такого, что и не снилось нашим мудрецам».[55] В «Фаусте» Гёте была отмечена только та маленькая сцена, где Фауст с Мефистофелем скачут по пустынной равнине.[56]

— Чем же особенно понравилась вам именно эта сцена?

— Разве вы не видите, — ответила Соня простодушно, — что Мефистофель спешит; он гонит Фауста, говорит, что там колдуют, но неужели Мефистофель боится колдовства?

— В самом деле, я никогда не понимал этой сцены.

— Как это можно? Это самая понятная, самая светлая сцена! Разве вы не видите, что Мефистофель обманывает Фауста? Он боится — здесь не колдовство, здесь совсем другое... Ах, если бы Фауст остановился!..

— Где вы всё это видите? — спросил я с удивлением.

— Я... я вас уверяю, — отвечала она с особенным

выраже́нием.

Я улыбну́лся, она смути́лась.

— Мо́жет быть, я и ошиба́юсь, — приба́вила она́, поту́пив глаза́.

— И бо́льше вы ничего́ не заме́тили в мои́х кни́гах?

— Нет, ещё мно́го, мно́го, но то́лько мне бы хоте́лось ва́ши кни́ги, так сказа́ть, просе́ять...

— Как просе́ять?

— Да! Что́бы оста́лось то, что на се́рдце ложи́тся.

— Скажи́те же, каки́е вы лю́бите кни́ги?

— Я люблю́ таки́е, что, когда́ их чита́ешь, то де́лается жа́лко люде́й и хо́чется помога́ть им, а пото́м захо́чется умере́ть.

— Умере́ть? Зна́ете ли, что́ я скажу́ вам, кузи́на? Вы не рассе́рдитесь за пра́вду?

— О нет; я о́чень люблю́ пра́вду...

— В вас мно́го стра́нного; у вас како́й-то осо́бенный взгляд на предме́ты. По́мните, наме́дни, когда́ я расшути́лся, вы мне сказа́ли: «Не шути́те так, береги́тесь слов, ни одно́ на́ше сло́во не теря́ется; мы иногда́ не зна́ем, что мы говори́м на́шими слова́ми!» Пото́м, когда́ я заме́тил, что вы оде́ты не совсе́м по мо́де, вы отвеча́ли: «Не всё ли равно́? Не успе́ешь трёх ты́сяч раз оде́ться, как всё пройдёт: э́то пла́тье с нас сни́мут, сни́мут и друго́е, и спро́сят то́лько, что мы до́брого по себе́ оста́вили, а не о том, как мы бы́ли оде́ты?» Согласи́тесь, что таки́е ре́чи до кра́йности стра́нны, осо́бливо на языке́ де́вушки. Где вы набрали́сь таки́х мы́слей?

— Я не зна́ю, — отвеча́ла Со́фья, испуга́вшись, — иногда́ что́-то внутри́ меня́ говори́т во мне, я прислу́шиваюсь и говорю́, не ду́мая, — и ча́сто что я говорю́, мне само́й непоня́тно.

— Э́то нехорошо́. На́добно всегда́ ду́мать о том, что́ говори́шь, и говори́ть то́лько то, что вы я́сно понима́ете...

— Мне и тётушка то же тверди́т; но я не зна́ю, как объясни́ть э́то, когда́ внутри́ заговори́т, я забыва́ю, что на́добно пре́жде поду́мать — я и говорю́ или молчу́; оттого́ я так ча́сто молчу́, что́бы тётушка меня́ не брани́ла; но с ва́ми мне ка́к-то бо́льше хо́чется говори́ть... мне, не зна́ю отчего́, вы ка́к-то жа́лки...

— Чем же я вам кажу́сь жа́лок?

— Так! Сама́ не зна́ю, — а когда́ я смотрю́ на вас, мне вас жа́лко, так жа́лко, что и сказа́ть нельзя́; мне всё хо́чется вас, так сказа́ть, уте́шить, и я вам говорю́, говорю́, сама́ не зна́я что.

Несмотря́ на всю пре́лесть тако́го чи́стого, неви́нного призна́ния, я почёл ну́жным продолжа́ть мою́ роль морали́ста.

— Послу́шайте, кузи́на, я не могу́ вас не благодари́ть за ва́ше до́брое ко мне чу́вство; но пове́рьте мне, вы име́ете тако́е расположе́ние ду́ха, кото́рое мо́жет быть о́чень опа́сно.

— Опа́сно? отчего́ же?

— Вам на́добно стара́ться развлека́ться, не слу́шать того́, что, как вы расска́зываете, внутри́ вам говори́т...

— Не могу́ — уверя́ю вас, не могу́; когда́ го́лос внутри́ заговори́т, я не могу́ вы́говорить ничего́ кроме́ того́, что он хо́чет...

— Зна́ете ли, что в вас есть накло́нность к мистици́зму? Э́то никуда́ не годи́тся.[57]

never answered

— Что тако́е мистици́зм?

Э́тот вопро́с показа́л мне, в како́м я был заблужде́нии. Я нево́льно улыбну́лся: «Скажи́те, кто вас воспи́тывал?»

— Когда́ я жила́ у опеку́на, при мне была́ ня́ня не́мка, до́брая Луи́за; она́ уж умерла́...

— И бо́льше никого́?

— Бо́льше никого́.

— Чему́ же она́ вас учи́ла?

— Стря́пать на ку́хне, шить гла́дью,[58] вяза́ть фуфа́йки, ходи́ть за больны́ми...

— Вы с ней ничего́ не чита́ли?

— Как же? Неме́цкие вока́булы, грамма́тику... да! и забы́ла: в после́днее вре́мя мы чита́ли небольшу́ю кни́жку...

— Каку́ю?

— Не зна́ю, но, посто́йте, я вам покажу́ одно́ ме́сто из э́той кни́жки. Луи́за при проща́нье вписа́ла его́ в мой альбо́м; тогда́, мо́жет быть, вы узна́ете, кака́я э́то была́ кни́жка.

В Со́фьином альбо́ме я прочёл ска́зку, кото́рая стра́нным о́бразом навсегда́ запечатле́лась в мое́й па́мяти; вот она́:

— Два челове́ка роди́лись в глубо́кой пеще́ре, куда́ никогда́ не проника́ли лучи́ со́лнечные; они́ не могли́ вы́йти из э́той пеще́ры ина́че, как по о́чень круто́й и у́зкой ле́стнице, и, за недоста́тком дневно́го све́та,[59] зажига́ли свечи. Один из этих людей был беден, терпел во всём нужду,[60] спал на голом полу, едва имел пропитание. Другой был богат, спал на мягкой постели, имел прислугу, роскошный стол. Ни один из них не видал ещё солнца, но каждый о нём имел своё понятие. Бедняк воображал, что солнце великая и знатная особа, которая всем оказывает милости, и всё думал о том, как бы ему поговорить с этим вельможею; бедняк был твёрдо уверен, что солнце сжалится над его положением и поможет ему. Приходящих в пещеру он спрашивал, как бы ему увидеть солнце и подышать свежим воздухом, — наслаждение, которого он также никогда не испытывал; приходящие отвечали, что для этого он должен подняться по узкой и крутой лестнице. — Богач, напротив, расспрашивая приходящих подробнее, узнал, что солнце огромная планета, которая греет и светит; что, вышедши из пещеры,[61] он увидит тысячу вещей, о которых не имеет никакого понятия; но когда приходящие рассказали ему, что для сего надобно подняться по крутой лестнице, то богач рассудил, что это будет труд напрасный, что он устанет, может оступиться, упасть и сломить себе шею; что гораздо благоразумнее обойтись без солнца, потому что у него в пещере есть камин, который греет, и свеча, которая светит; к тому же, тщательно собирая и записывая все слышанные рассказы, он скоро уверился, что в них много преувеличенного и что он сам гораздо лучшее имеет понятие о солнце, нежели те, которые его видели. Один, несмотря на крутизну лестницы, не пощадил труда и выбрался из пещеры, и когда он дохнул чистым воздухом, когда увидел красоту неба, когда почувствовал теплоту солнца, тогда забыл, какое ложное о нём имел понятие, забыл прежний холод и нужду, а падши на колени, лишь благодарил Бога за такое непонятное ему прежде наслаждение. Другой остался в смрадной пещере, перед тусклой свечою и ещё смеялся над своим прежним товарищем!

— Это, кажется, аполог Круммахера,[62] — сказал я Софье.

— Не знаю, — отвечала она.

— Он не дурен, немножко сбивчив, как обыкновенно бывает у немцев; но посмотрите, в нём то же, что я сейчас говорил, то есть, что человеку надобно трудиться, сравнивать и думать...

───────

— И ве́рить, — отвеча́ла Со́фья с поту́пленными глаза́ми.

— Да, разуме́ется, и ве́рить, — отвеча́л я с снисходи́тельностью челове́ка, принадлежа́щего XIX-му столе́тию.

Со́фья посмотре́ла на меня́ внима́тельно.

— У меня́ в альбо́ме есть и други́е вы́писки; посмотри́те, в нём есть прекра́сные мы́сли, о́чень-о́чень глубо́кие.

Я переверну́л не́сколько листо́в; в альбо́ме бы́ли отде́льные фра́зы, ка́жется, взя́тые из како́й-то а́збуки,[63] как, наприме́р: «чи́стое се́рдце есть лу́чшее бога́тство. Де́лай добро́ ско́лько мо́жешь, награ́ды не ожида́й, это до тебя́ не каса́ется. Е́сли бу́дем внима́тельно примеча́ть за собо́ю, то уви́дим, что за ка́ждым дурны́м посту́пком ра́но или по́здно сле́дует наказа́ние. Челове́к и́щет сча́стья снару́жи, а оно́ в его́ се́рдце» и пр. т. п. Ми́лая кузи́на с пресерьёзным ви́дом чита́ла э́ти фра́зы и с осо́бенным выраже́нием остана́вливалась на ка́ждом сло́ве. Она́ была́ удиви́тельно смешна́, мила́...

Таковы́ бы́ли на́ши бесе́ды с мое́й кузи́ной; впро́чем, они́ быва́ли ре́дко, и потому́ что тётушка меша́ла на́шим разгово́рам, так и потому́, что сама́ кузи́на была́ не всегда́ словоохо́тлива. Её незна́ние всего́, что выходи́ло из её ма́ленького кру́га, её сужде́ния, до невероя́тности де́тские, приводи́ли меня́ и в смех и жа́лость; но между тем никогда́ ещё не ощуща́л я в душе́ тако́го споко́йствия: в её немно́гих слова́х, в её посту́пках, в её движе́ниях была́ така́я тишина́, така́я кро́тость, така́я еле́йность, что, каза́лось, во́здух, кото́рым она́ дыша́ла, име́л сво́йство укроща́ть все мяте́жные стра́сти, рассе́ивать все тёмные мы́сли, кото́рые иногда́ ту́чею скопля́лись в моём се́рдце; ча́сто, когда́ раздо́ры мне́ний, стра́шные вопро́сы, все порожде́ния у́мственной кичли́вости на́шего ве́ка стесня́ли мою́ ду́шу, когда́ мгнове́нно она́ переходи́ла чрез все мыта́рства сомне́ния, и я ужаса́лся, до каки́х вы́водов достига́ла непрекло́нная жите́йская ло́гика — тогда́ оди́н простоду́шный взгляд, оди́н простоду́шный вопро́с неви́нной де́вушки нево́льно восстана́вливал первобы́тную чистоту́ души́ мое́й; я забыва́л все го́рдые мы́сли, кото́рые возмуща́ли мой ра́зум, и жизнь каза́лась мне поня́тна, светла́, полна́ тишины́ и гармо́нии.

Тётушка снача́ла была́ о́чень дово́льна мои́ми ча́стыми

посещениями, но наконец дала мне почувствовать, что она понимает, зачем я так часто езжу; её простодушное замечание, которое ей хотелось сделать очень тонким, заставило меня опамятоваться и заглянуть во внутренность моей души. Что чувствовал я к Софье? Моё чувство было ли любовь? Нет, любви некогда было укорениться, да и не в чем; Софья своим простодушием, своею детскою странностию, своими сентенциями, взятыми из прописей, могла забавлять меня — и только; она была слишком ребёнок, младенец; душа её была невинна и свежа до бесчувствия; она занималась больше всего тётушкой, потом хозяйством, а потом уже мною; нет, не такое существо могло пленить воображение молодого, ещё полного сил человека, но уж опытного... Я уже перешёл за тот возраст, когда всякое хорошенькое личико сводит с ума: в женщине мне надобно было друга, с которым бы я мог делиться не только чувствами, но и мыслями; Софья не в состоянии была понимать ни тех, ни других; а быть постоянно моралистом хотя и лестно для самолюбия, но довольно скучно. Я не хотел возбудить светских толков, которые могли бы повредить невинной девушке; прекратить их обыкновенным способом, т. е. женитьбой, я не имел намерения, а потому стал ездить к тётушке гораздо реже, — да и некогда мне было: у меня нашлось другое занятие.

Однажды на бале мне встретилась женщина, которая заставила меня остановиться. Мне показалось, что я её уже где-то видел; её лицо было мне так знакомо, что я едва ей не поклонился.

Я спросил об её имени. Это была графиня Элиза Б. Это имя было мне совершенно неизвестно. Вскоре я узнал, что она с самого детства жила в Одессе и, следственно, никаким образом не могла быть в числе моих знакомых.

Я заметил, что и графиня смотрела на меня с неменьшим удивлением; когда мы больше сблизились, она призналась мне, что и моё лицо ей показалось с первого раза знакомым. Этот странный случай подал, разумеется, повод к разным разговорам и предположениям; он невольно завлёк нас в ту метафизику сердца, которая бывает так опасна с хорошенькой женщиной... Эта странная метафизика, составленная из парадоксов, анекдотов, острот, философских мечтаний, имеет отчасти характер обыкновенной школьной метафи́зики, т. е. отлуча́ет вас от све́та, уединя́ет вас в осо́бый мир, но не одного́, а вме́сте с прекра́сной собесе́дницей; вы несёте вся́кий вздор, а вас уверя́ют, что вас по́няли; с обе́их сторо́н зарожда́ется и подде́рживается го́рдость, а го́рдость есть ча́ша, в кото́рую вли́ты все грехи́ челове́ческие; она́ блести́т, звени́т, ма́нит ваш взор свое́ю чу́дною резьбо́ю[64] и уста́ ва́ши нево́льно прикаса́ются к обольсти́тельному напи́тку.

Мы обменя́лись с графи́нею э́тим роковы́м сосу́дом; она́ любова́лась во мне игри́востью своего́ ума́, свое́ю красото́ю, пы́лким воображе́нием, изя́ществом своего́ се́рдца; я любова́лся в ней си́лою моего́ хара́ктера, сме́лостью мои́х мы́слей, мое́ю начи́танностью, мои́ми жите́йскими успе́хами...

Сло́вом, мы уже́ сде́лались необходи́мы друг дру́гу, а ещё оди́н из нас едва́ знал, как зову́т друго́го, како́е его́ положе́ние в све́те.

Пра́вда, мы бы́ли ещё неви́нны во всех смы́слах; никогда́ ещё сло́во любви́ не произноси́лось ме́жду на́ми. Э́то сло́во бы́ло́ смешно́ го́рдому челове́ку XIX ве́ка; оно́ давно́ им бы́ло разло́жено, разо́брано по частя́м, ка́ждая часть оценена́, взве́шена и вы́брошена за око́шко, как вещь, не согла́сная с на́шим нра́вственным комфо́ртом; но я загова́ривался с графи́нею в све́те; но я заси́живался у ней по вечера́м;[65] но её рука́ до́лго, сли́шком до́лго остава́лась в мое́й при проща́нии; но, когда́ она́ с улы́бкой и с бледне́ющим лицо́м сказа́ла мне одна́жды: «мой муж на днях до́лжен возврати́ться... вы, ве́рно, сойдётесь с ним» — я, челове́к, проше́дший чрез все мыта́рства жи́зни, не нашёлся, что отвеча́ть, да́же не мог вспо́мнить ни одно́й по́шлой фра́зы и, как романти́ческий любо́вник, вы́рвал свою́ ру́ку, побежа́л, бро́сился в каре́ту...

Нам обо́им до сей мину́ты не приходи́ло в го́лову вспо́мнить, что у графи́ни есть муж!

Тепе́рь де́ло бы́ло ино́е. Я был в положе́нии челове́ка, кото́рый то́лько что вы́скочил из очаро́ванного кру́га, где глаза́м его́ представля́лись ра́зные фантасмагори́ческие виде́ния, заставля́ли его́ забыва́ть о жи́зни... Он красне́ет, доса́дуя на самого́ себя́, заче́м он был в очарова́нии... Тепе́рь зада́ча представля́лась мне двойно́ю: мне остава́лось смотре́ть на э́то изве́стие равноду́шно, и, по́льзуясь права́ми све́та, продолжа́ть с графи́нею моё платони́ческое супрýжество; и́ли, призвáв на пóмощь донкихóтство,[66] презрéть все услóвия, все прили́чия, все удóбства жи́зни и дéйствовать на правáх отчáянного любóвника.

В пéрвый раз в жи́зни я был в нереши́мости; я почти́ не спал цéлую ночь, не спал — и от страстéй, волновáвшихся в моём сéрдце, и от досáды на себя́ за это волнéние; до сей мину́ты я так был увéрен, что я ужé неспосóбен к подóбному ребя́честву; слóвом, я чу́вствовал в себé прису́тствие нéскольких незави́симых сущéств, котóрые борóлись си́льно и не могли́ победи́ть однó другóе.

Рáно поутру́ мне принесли́ запи́ску от графи́ни; онá состоя́ла из немнóгих слов:

«Имéнем Бóга, бу́дьте у меня́ сегóдня, непремéнно сегóдня; мне необходи́мо вас ви́деть».

Словá: *сегóдня* и *необходи́мо* бы́ли подчёркнуты.

Мы пóняли друг дру́га; при свидáнии с графи́нею мы бы́стро перешли́ тот промежу́ток, отделя́вший нас от прямóго выражéния нáшей тáйны, котóрую скрывáли мы от сами́х себя́. Пéрвый акт житéйской комéдии, обыкновéнно столь ску́чный и столь привлекáтельный, был ужé сы́гран; оставáлась катастрóфа — и развя́зка.

Мы дóлго не могли́ выговори́ть слóва, мóлча смотрéли друг на дру́га и с жестокосéрдием предоставля́ли друг дру́гу прáво начáть разговóр.

Наконéц, онá, как жéнщина, как существó бóлее дóброе, сказáла мне ти́хим, но твёрдым гóлосом:

— Я звалá вас прости́ться... нáше знакóмство должнó кóнчиться, разумéется для нас, — прибáвила онá пóсле нéкоторого молчáния, — но не для свéта; вы меня́ понимáете... Нáше знакóмство! — повтори́ла онá раздирáющим гóлосом и с рыдáнием брóсилась в креслá.

Я ки́нулся к ней, схвати́л её зá руку... Это движéние привелó её в чу́вство.

— Останови́тесь, — сказáла онá, — я увéрена, что вы не захоти́те воспóльзоваться мину́тою слáбости... Я увéрена, что éсли бы я забы́лась, то вы бы пéрвый привели́ меня́ в пáмять... Но я и самá не забу́ду, что я женá, мать.

Лицó её просия́ло невырази́мым благорóдством.

Я стоя́л недви́жно перед нéю... Скорбь, какóй никогдá

ещё не переносило моё сердце, разрывала меня; я чувствовал, что кровь горячим ключом переливалась в мойх жилах, — частые удары пульса звенели в висках и оглушали меня... Я призывал на помощь все усилия разума, всю опытность, приобретённую холодными расчётами долгой жизни... Но рассудок представлял мне смутно лишь чёрные софизмы: преступления, мысли гнева и крови: они багровою пеленою закрывали от меня все другие чувства, мысли, надежды... В эту минуту дикарь, распалённый зверским побуждением, бушевал под наружностью образованного, утончённого, расчётливого Европейца.

Я не знаю, чем бы кончилось это состояние, как вдруг дверь растворилась, и человек подал письмо графине.

— От графа с нарочным.[67]

Графиня с беспокойством развернула пакет, прочла несколько строк — руки её затряслись, она побледнела.

Человек вышел. Графиня подала мне письмо. Оно было от незнакомого человека, который уведомлял графиню, что муж её опасно занемог на дороге в Москву, принуждён был остановиться на постоялом дворе, не может писать сам и хочет видеть графиню.

Я взглянул на неё; в голове моей сверкнула неясная мысль, отразилась в мойх взорах... Она поняла эту мысль, закрыла глаза рукою, как бы для того, чтобы не видать её, и быстро бросилась к колокольчику.

— Почтовых лошадей! — сказала она с твёрдостью вошедшему человеку. — Просить ко мне скорее доктора Бина.

— Вы едете? — сказал я.

— Сию минуту.

— Я за вами.

— Невозможно!

— Все знают, что я уже давно собираюсь в тверскую деревню.[68]

— По крайней мере через день после меня.

— Согласен... но случай заставит меня остановиться с вами на одной станции, а доктор Бин был мне друг с моего детства.

— Увидим, — сказала графиня, — но теперь прощайте.

Мы расстались.

Я поспешно возвратился домой, привёл в порядок мой

дела́, рассчита́л, когда́ мне вы́ехать, чтобы останови́ться на ста́нции, веле́л свои́м лю́дям говори́ть, что я уже́ дня четы́ре, как уе́хал в дере́вню; э́то бы́ло вероя́тно, и́бо в после́днее вре́мя меня́ ма́ло вида́ли в све́те. Че́рез три́дцать часо́в я уже́ был на большо́й доро́ге, где и ско́ро моя́ коля́ска останови́лась у воро́т постоя́лого двора́, где реша́лась моя́ у́часть.

Я не успе́л войти́, как по о́бщей трево́ге угада́л, что всё уже́ ко́нчилось.

— Граф у́мер, — отвеча́ли на мои́ вопро́сы, и э́ти слова́ ди́ко и ра́достно отдава́лись в моём слу́хе.

В таку́ю мину́ту яви́ться к графи́не, предложи́ть ей мои́ услу́ги бы́ло бы де́лом обыкнове́нным для вся́кого проезжа́ющего,[69] не то́лько знако́мого. Разуме́ется, я поспеши́л воспо́льзоваться э́тою обя́занностью.

Почти́ в дверя́х встре́тил я Би́на, кото́рый бро́сился обнима́ть меня́.

— Что здесь тако́е? — спроси́л я.

— Да что, — отвеча́л он со свое́ю простоду́шной улы́бкой, — нерви́ческая горя́чка... Запусти́л, ду́мал дое́хать до Москвы́ — да где? Она́ не свой брат,[70] шути́ть не лю́бит; я прие́хал — уже́ по́здно бы́ло; тут что ни де́лай — мёртвого не оживи́шь.

Я бро́сился обнима́ть до́ктора — не зна́ю почему́, но, ка́жется, за его́ после́дние слова́. Хорошо́, что мой до́брый Ива́н Ива́нович не взял на себя́ труда́ разы́скивать причи́ны тако́й необыкнове́нной не́жности.

— Её, бе́дную, жаль! — продолжа́л он.

— Кого́? — сказа́л я, затрепета́в всем те́лом.

— Да графи́ню.

— Ра́зве она́ здесь? — проговори́л я притво́рно и поспе́шно приба́вил: — Что с ней?

— Да вот уже́ три дня не спала́ и не е́ла.

— Мо́жно к ней?

— Нет, тепе́рь она́, сла́ва бо́гу, засну́ла; пусть себе́ успоко́иться до вы́носа...[71] Здесь, вишь, хозя́ева про́сят, чтобы поскоре́е вы́несли в це́рковь, ра́ди прое́зжих.

Де́лать бы́ло не́чего. Я скрыл своё движе́ние, спроси́л себе́ ко́мнату, а пото́м приня́лся помога́ть Ива́ну Ива́новичу во всех ну́жных распоряже́ниях. До́брый стари́к не мог мно́ю нахвали́ться.[72] «Вот до́брый челове́к! — говори́л он. — Ино́й бы взял да уе́хал;[73] ещё хорошо́, что ты случи́лся, я бы без тебя́ пропа́л; пра́вда, нам, ме́дикам, не́чего греха́ таи́ть,[74] — приба́вил он с улы́бкою, — случа́ется отправля́ть на тот свет, но хорони́ть ещё мне ни ра́зу не удава́лось».

Вве́черу́ был вы́нос. Графи́ня как бы не заме́тила меня́, и, призна́юсь, я сам не в состоя́нии был говори́ть с ней в э́ту мину́ту. Стра́нные чу́вства возбужда́лись во мне при ви́де поко́йника: он был уже́ немолоды́х лет, но в лице́ его́ ещё бы́ло мно́го све́жести, кратковре́менная боле́знь ещё не успе́ла обезобра́зить его́. Я с и́стинным сожале́нием смотре́л на него́, пото́м с нево́льною го́рдостью взгляну́л на прекра́сное насле́дство, кото́рое он мне оставля́л по́сле себя́, и сквозь умили́тельные мы́сли нере́дко мелька́ли в голове́ мое́й а́дские слова́, сохранённые исто́риею: «труп врага́ всегда́ хорошо́ па́хнет!»[75] Я не мог забы́ть э́тих слов, зве́рских до глу́пости, они́ беспреста́нно звуча́ли в моём слу́хе. Слу́жба ко́нчилась, мы вы́шли из це́ркви. Графи́ня, как бы уга́дывая моё наме́рение, подосла́ла ко мне челове́ка сказа́ть, что она́ благодари́т меня́ за уча́стие и что за́втра сама́ бу́дет гото́ва приня́ть меня́. Я повинова́лся.

Волне́ние, в кото́ром я находи́лся во все э́ти дни, не да́ло мне засну́ть до самого́ восхожде́ния со́лнца. Тогда́ беспоко́йный сон, по́лный безобра́зных виде́ний, сомкну́л мне глаза́ на не́сколько часо́в; когда́ я просну́лся, мне сказа́ли, что графи́ня уже́ возврати́лась из це́ркви, я на́скоро оде́лся и пошёл к ней.

Она́ приняла́ меня́. Она́ не хоте́ла притво́рствовать, не пока́зывала мне мни́мого отча́яния, но споко́йная грусть я́сно выража́лась на лице́ её. Я не бу́ду вам говори́ть, что беспоря́док её туале́та, чёрное пла́тье де́лали её преле́стнее.

До́лго мы не могли́ сказа́ть ничего́ друг дру́гу, кро́ме по́шлых фраз, но наконе́ц чу́вства перепо́лнились, мы не могли́ бо́лее владе́ть собо́ю и бро́сились друг дру́гу в объя́тия. Э́то был наш пе́рвый поцелу́й, но поцелу́й дру́жбы, бра́тства.

Мы ско́ро успоко́ились. Она́ рассказа́ла мне о свои́х бу́дущих пла́нах; че́рез два дня, отда́в после́дний долг поко́йнику,[76] она́ возврати́тся в Москву́, а отту́да прое́дет с детьми́ в украи́нскую дере́вню. Я отвеча́л ей, что у меня́ в Украйне[77] та́кже есть небольша́я уса́дьба, и мы ско́ро уви́дели, что бы́ли дово́льно бли́зкими сосе́дями. Я не мог верить своему́ сча́стью; тепе́рь передо мно́й исполня́лась прекра́сная мечта́ и мысль ю́ности: уедине́ние, тёплый кли́мат, прекра́сная, у́мная же́нщина и до́лгий ряд счастли́вых дней, по́лных животво́рной любви́ и споко́йствия.

Так протекли́ два дня; мы вида́лись почти́ ежемину́тно, и на́ше сча́стье бы́ло так по́лно, так нево́льно вырыва́лись из души́ слова́ наде́жды и ра́дости, что да́же Ива́н Ива́нович на́чал погля́дывать на нас с улы́бкою, кото́рую ему́ хоте́лось сде́лать насме́шливою, а наедине́ намека́л мне, что не на́добно упуска́ть вдову́шки, тем бо́лее что она́ была́ о́чень несча́стлива с поко́йником, кото́рый был челове́к капри́зный, плотско́й[78] и мсти́тельный.

Я тепе́рь впервы́е узна́л э́ти подро́бности, и они́ мне служи́ли ключо́м к ра́зным мы́слям и посту́пкам графи́ни. Несмотря́ на стра́нность на́шего положе́ния, в э́ти два дня мы не могли́ не сбли́зиться бо́лее, не́жели в пре́жние ме́сяцы, — чего́ не переговори́шь в два́дцать четы́ре часа́?[79] Ма́лопома́лу хара́ктер графи́ни открыва́лся мне во всей полноте́; её о́гненная душа́ во всём бле́ске; мы успе́ли пове́рить друг дру́гу все на́ши ма́ленькие та́йны; я ей рассказа́л моё романти́ческое отча́яние; она́ мне призна́лась, что в после́днее на́ше свида́ние притворя́лась из всех сил и уже́ гото́ва была́ бро́ситься в мои́ объя́тия, когда́ принесли́ роково́е письмо́; и́зредка мы позволя́ли себе́ да́же немно́жко смея́ться. Эли́за вполне́ очарова́ла меня́ и, ка́жется, сама́ находи́лась в подо́бном очарова́нии; ча́сто её пла́менный взор остана́вливался на мне с невырази́мой любо́вью и с тре́петом опуска́лся в зе́млю; я осме́ливался лишь жать её ру́ку. Как я доса́довал на све́тские прили́чия, кото́рые не позволя́ли мне с сей же мину́ты вознагради́ть мое́й любо́вью все пре́жние страда́ния графи́ни! Признаю́сь, я уже́ с нетерпе́нием на́чал ожида́ть, что́бы скоре́е о́тдали земле́ земно́е,[80] и доса́довал на срок, устано́вленный зако́ном.[81]

Наконе́ц наступи́л тре́тий день. Никогда́ ещё сон мой не был споко́йнее; преле́стные виде́ния носи́лись над мои́м изголо́вьем: то бы́ли бесконе́чные сады́, обли́тые жа́рким со́лнечным сия́нием, везде́ — в ку́ще древе́с,[82] в цветны́х ра́дугах я ви́дел прекра́сное лицо́ мое́й Эли́зы, везде́ она́ явля́лась мне, но в бесчи́сленных полупрозра́чных о́бразах, и все они́ улыба́лись, простира́ли ко мне свои́ ру́ки, скользи́ли по моему лицу душистыми локонами и лёгкою вереницею взвивались на воздух... Но вдруг всё исчезло, раздался ужасный треск, сады обратились в голую скалу, и на той скале явились мертвец и доктор, каким я его видел в космораме; но вид его был строг и сумрачен, а мертвец хохотал и грозил мне своим саваном. Я проснулся. Холодный пот лился с меня ручьями. В эту минуту постучались в дверь.

— Графиня вас просит к себе сию минуту, — сказал вошедший человек.

Я вскочил; раздались страшные удары грома, от туч было почти темно в комнате; она освещалась лишь блеском молнии, от порывистого ветра пыль взвивалась столбом и с шумом рассыпалась о стёкла. Но мне некогда было обращать внимание на бурю: оделся наскоро и побежал к Элизе. Нет, никогда не забуду выражения лица её в эту минуту; она была бледна как смерть, руки её дрожали, глаза не двигались. Приличия уже были не у места; забыт светский язык, светские условия.

— Что с тобою, Элиза?

— Ничего! Вздор! Глупость! Пустой сон!...

При этих словах меня обдало холодом... «Сон?» — повторил я с изумлением.

— Да! Но сон ужасный! Слушай! — говорила она, вздрагивая при каждом ударе грома. — Я заснула спокойно, я думала о наших будущих планах, о тебе, о нашем счастье... Первые сновидения повторили весёлые мечты моего воображения... Как вдруг передо мною явился покойный муж, — нет, то был не сон — а видела его самого, его юного, я узнала эти знакомые мне стиснутые, почти улыбающиеся губы, это адское движение чёрных бровей, которым выражался в нём порыв мщения без суда и без милости. Ужас, Владимир! Ужас!... Я узнала этот неумолимый, свинцовый взор, в котором в минуту гнева вспыхивали кровавые искры; я услышала снова этот голос, который от ярости превращался в дикий свист и который, я думала, никогда более не слышать...

«Я всё знаю, Элиза, — говорил он, — всё вижу; здесь мне всё ясно; ты очень рада, что я умер; ты уже готова выйти замуж за другого... Нежная, верная жена!... Безрассудная! Ты думала найти счастье — ты не знаешь, что гибель твоя, гибель детей наших соединена с твоей преступной любовью... Но этому не бывать, нет![83] Жизнь звёздная ещё сильна во мне — земляна душа моя и не хочет расстаться с землёю... Мне все здесь сказали — лишь возвратясь на землю, могу я спасти детей моих, лишь на земле я могу отмстить тебе, и я возвращусь, возвращусь в твои объятия, верная супруга! Дорогою, страшною ценою купил я это возвращение — ценою, которой ты и понять не можешь... За то весь ад двинется со мною на твою преступную голову — готовься принять меня. Но слушай: на земле я забуду всё, что узнал здесь; скрывай от меня твои чувства, скрывай их — иначе горе тебе, горе и мне!...» Тут он прикоснулся к лицу моему холодными посиневшими пальцами, и я проснулась. Ужас! Ужас! Я ещё чувствую на лице это прикосновение...

Бедная Элиза едва могла договорить; язык её онемел. она вся была как в лихорадке; судорожно жалась она ко мне, закрывая глаза руками, как бы искала укрыться от грозного видения. Сам невольно взволнованный, я старался утешить её обыкновенными фразами о расстроенных нервах, о физическом на них действии бури, об игре воображения, и сам чувствовал, как тщетны перед страшною действительностью все эти слова, изобретаемые в спокойные, беззаботные минуты человеческого суемудрия. Я ещё говорил, я ещё перебирал в памяти все читанные в медицинских книгах подобные случаи, как вдруг распахнулось окошко, порывистый ветер с визгом ворвался в комнату, в доме раздался шум, означавший что-то необыкновенное...

— Это он... это он идёт! — вскричала Элиза и в трепете, показывая на дверь, махала мне рукою...

Я выбежал за дверь, в доме всё было в смятении, на конце тёмного коридора я увидел толпу людей; эта толпа приближалась... в оцепенении я прижался к стене, но нет ни сил спросить, ни собрать свои мысли... Да! Элиза не ошиблась. Это был он! он! Я видел, как толпа частью вела, частью несла его; я видел его бледное лицо, я видел его впалые глаза, с которых ещё не сбежал сон смертный... Я слышал крики радости, изумления, ужаса окружающих... Я слышал прерывистые рассказы о том, как ожил граф, как он поднялся из гроба, как встретил в дверях ключаря, как

доктор помогал ему... Итак, это не было видение, но
действительность! Мёртвый возвращался нарушить счастье
живых!... Я стоял как окаменелый; когда граф поравнялся
со мною, в тесноте его рука, судорожно вытянутая,
скользнула по лицу моему, и я вздрогнул, как будто
электрическая искра пробежала по моему телу, всё меня
окружающее сделалось прозрачным — стены, земля, люди
показались мне лёгкими полутенями, сквозь которые ясно
различал я другой мир, другие предметы, других людей...
Каждый нерв в моём теле получил способность зрения; мой
магический взор обнимал в одно время и прошедшее, и
настоящее, и то, что действительно было, и что могло
случиться; и описать всю эту картину нет возможности,
рассказать её не достанет слов человеческих...[84] Я видел
графа Б. в различных возрастах его жизни... я видел, как над
изголовьем его матери, в минуту его рождения, вились
безобразные чудовища и с дикою радостью встречал
новорождённого. Вот его воспитание: гнусное чудовище
между им и его наставником — одному нашёптывает,
другому толкует мысли себялюбия, безверия,
жестокосердия, гордости; вот появление в свете молодого
человека: то же гнусное чудовище руководит его
поступками, внушает ему тонкую сметливость,
осторожность, коварство, наверное, устраивает для него
успехи; граф в обществе женщин: необозримая сила влечёт
их к нему, он ласкает одну за другой и смеётся вместе с
своим чудовищем; вот он за карточным столом: чудовище
подбирает масти, шепчет ему на ухо, какую ставить карту;
он обыгрывает, разоряет друга, отца семейства, — и
богатство упрочивает его успехи в свете; вот и он на
поединке, чудовище нашёптывает ему на ухо все софизмы
дуэлей, крепит его сердце, поднимает его руку, он стреляет
— кровь противника брызнула на него и запятнала вечными
каплями; чудовище скрывает след его преступления. В
одном из секундантов дуэли я узнал моего покойного дядю;
вот граф в кабинете вельможи: он искусно клевещет на
честного человека, чернит его, разрушает его счастье и
заменяет его место; вот он в суде: под личиной прямодушия
он таит в сердце жестокость неумолимую, он видит
невинного, знает его невинность и осуждает его, чтобы
воспользоваться его правами; всё ему удаётся; он богатеет,

он носит между людьми имя честного, прямодушного, твёрдого человека; вот он предлагает свою руку Элизе: на его руке капли крови и слёз, она не видит их и подаёт ему свою руку; Элиза для него средство к различным целям: он принуждает её принимать участие в чёрных тайных делах своих, он грозит ей всеми ужасами, которые только может изобрести воображение,[85] и когда она, подвластная его адской силе, повинуется, он смеётся над ней и приготовляет новые преступления...

Все эти происшествия его жизни чудно, невыразимо соединялись между собою живыми связями; от них таинственные нити простирались к бесчисленным лицам, которые были или жертвами или участниками его преступлений, часто проникали сквозь несколько поколений и присоединяли их к страшному семейству; между сими лицами я узнал моего дядю, тётку, Поля: все они были как затканы этою сетью, связывавшею меня с Элизою и её мужем. Этого мало: каждое его чувство, каждая его мысль, каждое слово имело образ живых, безобразных существ, которыми он, так сказать, населил вселенную... На последнем плане вся эта чудовищная вереница примыкала к нему, полумёртвому, и он влёк её в мир вместе с собою; живые же связи соединяли с ним Элизу, детей его; к ним другими путями прикреплялись нити от разных преступлений отца и являлись в виде порочных наклонностей, невольных побуждений; между толпою носились несметные, странные образы, которых ужасное впечатление не можно выразить на бумаге; в их уродливости не было ничего смешного, как то бывает иногда на картинах; они все имели человеческое подобие, но их формы, цвета, особенно выражения были разнообразны до бесконечности: чем ближе они были к мертвецу, тем ужаснее казались; над самой головой несчастного неслось существо, которого взора я никогда не забуду: его лицо было тусклого зелёного цвета; алые как кровь волосы струились по плечам его; из глаз земляного цвета капали огненные слёзы, проникали весь состав мертвеца и оживляли один член за другим; никогда я не забуду того выражения грусти и злобы, с которым это непонятное существо взглянуло на меня... Я не буду более описывать этой картины. Как описать сплетения всех внутренних побуждений, возника́ющих в душе́ челове́ка, из кото́рых здесь ка́ждое име́ло своё отде́льное, живо́е существова́ние? Как описа́ть все те таи́нственные дела́, кото́рые соверша́лись в ми́ре си́ми существа́ми, неви́димыми для обыкнове́нного взо́ра? Ка́ждое из них маги́чески порожда́ло из себя́ но́вые существа́, кото́рые в свою́ о́чередь впива́лись в сердца́ други́х люде́й, отдалённых и вре́менем и простра́нством? Я ви́дел, каку́ю ужа́сную, логи́ческую взаи́мность име́ли де́йствия сих люде́й; как мале́йшие посту́пки, слова́, мы́сли в тече́ние веко́в сраста́лись в одно́ огро́мное преступле́ние, кото́рого основна́я причи́на была́ соверше́нно поте́ряна для совреме́нников; как э́то преступле́ние пуска́ло но́вые о́трасли и в свою́ о́чередь порожда́ло но́вые це́нтры преступле́ний; ме́жду тёмными дви́гателями грехо́в челове́ческих носи́лись и све́тлые о́бразы, порожде́ния душ чи́стых, бескро́вных; они́ та́кже соединя́лись ме́жду собо́ю живы́ми зв

́ньями, та́кже маги́чески размножа́ли себя́ и свои́м прису́тствием уничтожа́ли де́йствия дете́й мра́ка. Но, повторя́ю, описа́ть всё, что тогда́ предста́вилось моему́ взо́ру, не доста́нет не́скольких томо́в.[86] В э́ту мину́ту вся исто́рия на́шего ми́ра от нача́ла времён была́ мне поня́тна; э́та вну́тренность исто́рии челове́чества была́ обнажена́ передо мно́ю, и необъясни́мое посре́дством вне́шнего сцепле́ния собы́тий каза́лось мне о́чень про́сто и я́сно; так, наприме́р, взор мой постепе́нно переходи́л по маги́ческой ле́стнице, где нра́вственное чу́вство, возбужда́вшееся в до́бром испа́нце при ви́де костро́в инквизи́ции, порожда́ло в его́ пото́мке чу́вство коры́сти и жестокосе́рдия к мексика́нцам, име́вшее ещё вид зако́нности, как наконе́ц э́то же са́мое чу́вство в после́дующих поколе́ниях преврати́лось про́сто в зве́рство и в по́лное духо́вное обесси́ление. Я ви́дел, как мину́тное побужде́ние моего́ со́бственного се́рдца получа́ло своё нача́ло в дела́х люде́й, существова́вших до меня́ за не́сколько столе́тий... Я по́нял, как важна́ ка́ждая мысль, ка́ждое сло́во челове́ка, как далеко́ простира́ется их влия́ние, кака́я тя́жкая отве́тственность ложи́тся за них на ду́шу и како́е зло для всего́ челове́чества мо́жет возни́кнуть из се́рдца одного́ челове́ка, раскры́вшего себя́ влия́нию суще́ств нечи́стых и вражде́бных... Я по́нял, что «челове́к есть мир» — не пуста́я игра́ слов, вы́думанная для заба́вы... Когда́-нибудь, в бо́лее споко́йные мину́ты, я переда́м бума́ге э́ту исто́рию нравственных существ, обитающих в человеке и порождаемых его волею, которых только следы сохраняются в мирских летописях.

Что я принуждён теперь рассказывать постепенно, в то время моего видения представлялось мне в одну и ту же минуту. Моё существо было, так сказать, раздроблено. С одной стороны, я видел развивающуюся картину всего человечества, с другой — картину людей, судьба которых была связана с моею судьбою; в этом необыкновенном состоянии организма ум равно чувствовал страдания людей, отделённых от меня пространством и временем, и страдания женщины, к которой любовь огненною чертою проходила по моему сердцу! О, она страдала, невыразимо страдала!... Она упадала на колени пред своим мучителем и умоляла его оставить её или взять с собою. В эту минуту как завеса спала с глаз моих: я узнал в Элизе ту самую женщину, которую некогда видел в космораме; не постигаю, каким образом до сих пор я не мог этого вспомнить, хотя лицо её всегда мне казалось знакомым; на фантасмагорической сцене я был возле неё, я также преклонял колени пред двойником графа; двойник доктора, рыдая, старался увлечь меня от этого семейства: он что-то говорил мне с большим жаром, но я не мог расслышать речей его, хотя видел движение его губ; в моём ухе раздавались лишь неясные крики чудовищ, носившихся над нами; доктор поднимал руку и куда-то указывал; я напряг всё внимание и, сквозь тысячи мелькавших чудовищных существ, будто бы узнавал образ Софьи, но лишь на одно мгновение, и этот образ казался мне искажённым...

Во всё время этого странного зрелища я был в оцепенении; душа моя не знала, что делалось с телом. Когда возвратилась ко мне раздражительность внешних чувств,[87] я увидел себя в своей комнате на постоялом дворе, возле меня стоял доктор Бин со склянкою в руках...

— Что? — спросил я, очнувшись.

— Да ничего! Здоровёшенек![88] Пульс такой, что чудо...

— У кого?

— Да у графа! Хороших было мы дел наделали![89] Да и то правду сказать, я никогда не воображал, и в книгах не встречал, чтоб мог быть такой сильный обморок. Ну, точно был мёртвый. Кажется, немало я на своём веку практики имёл; вот уж, говорится, век живи, век учись! А вы-то, батюшка! ещё были военный человек, испугались, также подумали, что мертвец идёт... насилу оттёр вас...[90] Куда вам за нами, медиками![91] Мы народ храбрый...

Я вышел на улицу посмотреть, откуда буря идёт, смотрю — мой мёртвый тащится, а от него люди так и бегут. Я себе говорю: «Вот любопытный субъект», да к нему, — кричу, зову людей, насилу пришли; уж я его и тем и другим,[92] — и теперь как ни в чём не бывал, ещё лет двадцать проживёт. Непременно этот случай опишу, объясню, в Париж пошлю в академию, по всей Европе погремлю, — пусть же себе толкуют... нельзя! любопытный случай!...

Доктор ещё долго говорил, но я не слушал его; одно понимал я: всё это не был сон, не мечта, — действительно возвратился к живым мёртвый, оживлённый ложною жизнью, и отнимал у меня счастье жизни...

— «Лошадей!» — вскричал я.

Я почти не помню, как и зачем меня привезли в Москву; кажется, я не отдавал никаких приказаний, и мною распорядился мой камердинер. Долго я не показывался в свет и проводил дни один, в состоянии бесчувствия, которое прерывалось только невыразимыми страданиями. Я чувствовал, что гасли все мои способности, рассудок потерял силу суждения, сердце было без желаний; воображение напомнило мне лишь страшное, непонятное зрелище, о котором одна мысль смешивала все понятия и приводила меня в состояние, близкое к сумасшествию.

Нечаянно я вспомнил о моей простосердечной кузине; я вспомнил, как она одна имела искусство успокаивать мою душу. Как я радовался, что хоть какое-либо желание закралось в моё сердце!

Тётушка была больна, но велела принять меня. Бледная, измученная болезнью, она сидела в креслах; Софья ей прислуживала, поправляла подушки, подавала питьё. Едва она взглянула на меня, как почти заплакала:

— Ах! Что это мне так жалко вас! — сказала она сквозь слёзы.

— Кого это жаль, матушка? — спросила тётушка прерывающимся голосом.

— Да Владимира Андреевича![93] Не знаю отчего, но

смотре́ть на него́ без слёз не могу́...

— Уж лу́чше бы, ма́тушка, пожале́ла обо мне,[94] — вишь, он и не поду́мает больну́ю тётку навести́ть...

Не зна́ю, что отвеча́л я на упрёк тётушки, кото́рый был не после́дний. Наконе́ц она́ не́сколько успоко́илась.

— Я ведь э́то, ба́тюшка, то́лько так говорю́, от того́, что тебя́ люблю́, вот и с Со́фьюшкой об тебе́ ча́сто толкова́ли...

— Ах, тётушка! Заче́м вы говори́те непра́вду? У нас и поми́на о бра́тце не́ было...[95]

— Так! Так-таки́! — вскрича́ла тётушка с гне́вом; — так и бря́кнула своё![96] Не посе́туй, ба́тюшка, за на́шу простоту́, хоте́ла бы́ло тебе́ комплиме́нт сказа́ть, да вишь, у меня́ учи́тельша кака́я прояви́лась;[97] лу́чше бы, ма́тушка, бо́льше о друго́м забо́тилась... — И поли́лись упрёки на бе́дную де́вушку...

Я заме́тил, что хара́ктер тётушки от боле́зни о́чень перемени́лся; она́ всем скуча́ла, на всё доса́довала; осо́бенно без поща́ды брани́ла до́брую Со́фью: всё бы́ло не так, всё ма́ло о ней забо́тились, всё ма́ло её понима́ли; она́ жесто́ко мне на Со́фью жа́ловалась, пото́м от неё переходи́ла к свои́м родны́м, знако́мым, — никому́ не́ было поща́ды; она́ с удиви́тельною то́чностию вспомина́ла все свои́ неприя́тности в жи́зни, всех обвиня́ла и на всё ропта́ла, и опя́ть все свои́ упрёки своди́ла на Со́фью.

Я мо́лча смотре́л на э́ту несча́стную де́вушку, кото́рая с а́нгельским смире́нием выслу́шивала стару́ху, а ме́жду тем внима́тельно смотре́ла, чем бы услужи́ть ей. Я стара́лся мои́м взо́ром прони́кнуть э́ту неви́димую связь, кото́рая соединя́ла меня́ с Со́фьею, перенести́ мою́ ду́шу в её се́рдце, но тще́тно: предо мно́й была́ лишь обыкнове́нная де́вушка, в бе́лом пла́тье, с стака́ном в рука́х.

Когда́ тётушка уста́ла говори́ть, я сказа́л Со́фье почти́ шёпотом:

— Так вы о́чень обо мне́ жале́ете?

— Да! О́чень жа́лко — и не зна́ю, отчего́.

— А мне так вас жаль, — сказа́л я, пока́зывая глаза́ми на тётушку.

— Ничего́, — отвеча́ла Со́фья, — на земле́ всё недо́лго, и го́ре и ра́дость; умрём, друго́е бу́дет...

— Что ты там стра́хи-то говори́шь, — вскрича́ла тётушка, вслу́шавшись в после́дние слова́. — Вот уж, батюшка, могу́ сказа́ть, уте́шница.[98] Чем бы больно́го челове́ка развле́чь, развесели́ть, а она́ нет-нет да о сме́рти заговори́т.[99] Что ты хо́чешь намекну́ть, что́бы я тебя́ в духо́вной-то не забы́ла, что ли? В гроб хо́чешь поскоре́е свести́? Э́кая корыстолюби́вая![100] Так нет, мать моя́, ещё тебя́ переживу́...

Со́фья споко́йно посмотре́ла в глаза́ стару́хи и сказа́ла:

— Тётушка! Вы говори́те непра́вду...

Тётушка вы́шла из себя́.

— Как непра́вду? Так ты собира́ешься меня́ похорони́ть... Ну, скажи́те, ба́тюшка, выноси́мо ли э́то? Вот каку́ю змею́ я у себя́ пригре́ла.[101]

В окружа́ющих прислу́жницах я заме́тил я́вное неудово́льствие; доходи́ли до меня́ слова́ «зла́я! недо́брая! умори́ть хо́чет!»

Тще́тно хоте́л я уве́рить тётушку, что она́ приняла́ Со́фьины слова́ в друго́м смы́сле: я то́лько ещё бо́лее раздража́л её. Наконе́ц реши́лся уйти́; Со́фья провожа́ла меня́.

— Заче́м вы вво́дите тётушку в доса́ду? — сказа́л я кузи́не.

— Ничего́; немно́жко на меня́ прогнева́ется, а всё о сме́рти поду́мает, э́то ей хорошо́.

— Непоня́тное существо́! — вскрича́л я. — Научи́ и меня́ умере́ть!

Со́фья посмотре́ла на меня́ с удивле́нием.

— Я сама́ не зна́ю; впро́чем, кто хо́чет учи́ться, тот уже́ в полови́ну вы́учен.[102]

— Что ты хо́чешь сказа́ть э́тим?

— Ничего́! Так у меня́ в кни́жке запи́сано...

В э́то вре́мя разда́лся колоко́льчик.

— Тётушка меня́ кли́чет, — проговори́ла Со́фья. — Ви́дите, я угада́ла; тепе́рь гнев прошёл, тепе́рь она́ бу́дет пла́кать, а пла́кать хорошо́, о́чень хорошо́, особли́во когда́ не зна́ешь, о чём пла́чешь.

С си́ми слова́ми она́ скры́лась.

Я возврати́лся домо́й в глубо́кой ду́ме, бро́сился в кре́сла и стара́лся отда́ть себе́ отчёт в моём положе́нии. То Со́фья представля́лась мне в ви́де како́го-то таи́нственного, до́брого существа́, кото́рое храни́т меня́, кото́рого ка́ждое сло́во име́ет смысл глубо́кий, свя́занный с мои́м существова́нием, то я начинáл смеяться над собóю, вспоминáл, что к мысле о Сóфье воображéние примéшивало чúтанное мнóю в старúнных легéндах; что онá прóсто былá дéвушка дóбрая, но óчень обыкновéнная, котóрая кстáти и некстáти любúла повторять сáмые ребяческие сентéнции; эти сентéнции потомý тóлько, вероятно, поражáли меня, что в движéнии сúльных, положúтельных мыслей нáшего вéка онú были забыты и казáлись нóвыми, как готúческая мéбель в нáших гостúных. А мéжду тем словá Сóфьи о смéрти невóльно звучáли в моём слýхе, невóльно, так сказáть, притягивали к себé все мои другúе мысли и наконéц соединúли в одúн центр все мои духóвные сúлы; мáло-помáлу все окружáющие предмéты для меня исчéзли, неизъяснúмое томлéние зажглó моё сéрдце, и глазá неждáнно наполнились слéзами. Это меня удивúло! «Кто же плáчет во мне?» — восклúкнул я довóльно грóмко, и мне показáлось, что ктó-то отвечáет мне; меня óбдало хóлодом, и я не мог пошевелúть рукóю; казáлось, я прирóс к крéслу[103] и внезáпно почýвствовал в себé то неизъяснúмое ощущéние, котóрое обыкновéнно предшéствовало моúм видéниям и к котóрому я ужé успéл привыкнуть; действúтельно, чрез нéсколько мгновéний кóмната моя сдéлалась для меня прозрáчною, в отдалéнии, как бы сквозь свéтлый пар, я увúдел снóва лицó Сóфьи.

«Нет! — сказáл я в самóм себé, — соберём всю твéрдость дýха, рассмóтрим хóлодно эту фантасмагóрию. Хорошó ребёнку было пугáться её: мáло ли что казáлось необъяснúмым?»[104] И я вперúл в стрáнное видéние тот внимáтельный взор, с котóрым естествоиспытáтель рассмáтривает любопытный физúческий óпыт.

Видéние подёрнулось как бы зеленовáтым пáром; лицó Сóфьи сдéлалось явственнее, но представлялось мне в искажённом вúде.

«А! — сказáл я сам в себé, — зелёный свет здесь игрáет какýю-то роль; вспóмним хорошéнько: нéкоторые гáзы производят тáкже в глáзе ощущéние зелёного цвéта; эти гáзы имéют одуряющее свóйство — так тóчно! преломлéние зелёного лучá соединенó с наркотúческим дéйствием на нáши нéрвы и обрáтно. Тепéрь пойдём дáлее: явлéние сдéлалось явственнее? Так и должнó быть: это знáчит, что онó прозрáчно. Так тóчно! В микроскóпе нарóчно употребляют зеленовáтые стёкла для рассмáтривания прозрáчных насекомых: их формы от того делаются явственнее.

Чтоб сохранить хладнокровие и не отдать себя под власть воображения, я записывал мои наблюдения на бумаге; но скоро мне это сделалось невозможным; видение приблизилось ко мне, всё делалось явственнее, а с тем вместе все другие предметы бледнели; бумага, на которой я писал, стол, моё собственное тело сделалось прозрачным как стекло; куда я ни обращал глаза, видение следовало за моим взором. В нём я узнавал Софью: тот же облик, те же волосы, та же улыбка, но выражение было другое. Она смотрела на меня коварными, сладострастными глазами и с какою-то наглостью простирала ко мне свои объятия.

«Ты не знаешь, — говорила она, — как мне хочется выйти за тебя замуж! Ты богат — я сама у старухи вымучу себе кое-что — и мы заживём славно. От чего ты мне не даёшься? Как я ни притворяюсь, как ни кокетничаю с тобою — всё тщетно. Тебя пугают мои суровые слова; тебя удивляет моё невинное невежество? Не верь! Это всё удочка, на которую мне хочется поймать тебя, потому что ты сам не знаешь своего счастия. Женись только на мне — ты увидишь, как я развернусь.[105] Ты любишь рассеянность — я также; ты любишь сорить деньгами — я ещё больше; наш дом будет чудо, мы будем давать балы, на балы приглашать родных, вотрёмся к ним в любовь,[106] и наследства будут на нас дождём литься... Ты увидишь — я мастерица на эти дела...»

Я оцепенел, слушая эти речи; в душе моей родилось такое отвращение к Софье, которого не могу и выразить. Я вспомнил все её таинственные поступки, все её двусмысленные слова — всё мне теперь было понятно! Хитрый демон скрывался в ней под личиною невинности... Видение исчезло — вдали осталась лишь блестящая точка; эта точка увеличивалась, постепенно, приближалась — это была моя Элиза! О, как рассказать, что сталось тогда со мною? Все нервы мои потряслись, сердце забилось, руки сами собою простёрлись к обольстительному видению; казалось, она носилась в воздухе — её кудри как лёгкий дым свивались и развивались, волны прозрачного покрывала тянулись по роскошным плечам, обхватывали талию и бились по стройным розовым ножкам. Руки её были сложены, она смотрела на меня с упрёком:

«Неверный! Неблагодарный! — говорила она голосом, который, как растопленный свинец, разжигал мою душу. — Ты уже забыл меня! Ребёнок! Ты испугался мёртвого! Ты забыл, что я страдаю, страдаю невыразимо, безутешно; ты забыл, что между нами обет вечный, неизгладимый! Ты боишься мнения света? Ты боишься встретиться с мёртвым? Я — я не переменилась. Твоя Элиза ноет и плачет, она ищет тебя наяву и во сне — она ждёт тебя; всё ей равно — ей ничего не страшно, — всё в жертву тебе...»[107]

— Элиза! Я твой! Вечно твой! Ничто не разлучит нас! — вскричал я, как будто видение могло меня слышать...Элиза рыдала, манила меня к себе, простирала ко мне руку так близко, что, казалось, я мог схватить её, — как вдруг другая рука показалась возле руки Элизы...Между ею и мною явился таинственный доктор; он был в рубище, глаза его горели, члены трепетали, он то являлся, то исчезал, казалось, он боролся с какою-то невидимою силой, старался говорить, но до меня доходили только прерывающиеся слова: «Беги... гибель...таинственное мщение... совершается... твой дядя... подвигнул его... на смертное преступление... его участь решена... его... давит... дух земли... гонит... она запятнана невинно кровью... он погиб без возврата... он мстит за свою гибель... он зол ужасно... он за тем возвратился на землю... гибель... гибель...»

Но доктор исчез; осталась одна Элиза. Она по-прежнему простирала ко мне руки и манила меня, исчезая... я в отчаянии смотрел вслед за нею...

Стук в дверь прервал моё очарование. Ко мне вошёл один из знакомых...

— Где ты? Тебя вовсе не видно! Да что с тобою? Ты вне себя!

— Ничего, я так, — задумался...

— Обещаю тебе, что ты с ума сойдёшь, и это непременно, и так уж тебе какие-то чертенята, я слышал, показывались...

— Да! Слабость нерв... Но теперь прошло...

— Если бы тебя в руки магнетизёра,[108] так из тебя бы чудо вышло...

— Отчего так?

— Ты именно такой организации, какая для этого нужна... Из тебя бы вышел *ясновидящий*...

— Ясновидящий! — вскричал я.

— Да! Только не советую испытывать: я эту часть очень хорошо знаю; это болезнь, которая доводит до сумасшествия. Человек бредил в магнетическом сне, потом начинает уже непрерывно бредить...

— Но от этой болезни можно излечиться...

— Без сомнения, рассеянность, общество, холодные ванны. Право, подумай. Что сидеть? Беды наживёшь... Что ты, например, сегодня делаешь?

— Хотел остаться дома.

— Вздор, поедем в театр — новая опера; у меня целая ложа к твоим услугам.

Я согласился.

«Магнетизм![109] Удивительно! — думал я дорогою. — Как мне это до сих пор в голову не приходило. Слыхал я о нём, да мало. Может быть, в нём и найду я объяснение странного состояния моего духа. Надобно познакомиться покороче с книгами о магнетизме.»

Между тем мы приехали. В театре народу ещё было мало; ложа возле нашей оставалась незанятою. На афишке предо мною я прочёл: «Вампир, опера Маршнера»,[110] она мне была неизвестна, и я с любопытством прислушивался к первым звукам увертюры. Вдруг невольное движение заставило меня оглянуться; дверь в соседней ложе скрипнула, смотрю — входит моя Элиза. Она взглянула на меня, приветливо поклонилась, и бледное лицо её вспыхнуло. За нею вошёл муж её... Мне показалось, что я слышу могильный запах, — но это была мечта воображения. Я его не видал около двух месяцев после его оживления, он очень поправился; лицо его потеряло почти все признаки болезни... Он что-то шепнул Элизе на ухо, она отвечала ему также тихо, но я понял, что она произнесла моё имя. Мысли мои мешались, и прежняя любовь к Элизе, и гнев, и ревность, и мои видения, и действительность, всё это вместе приводило меня в сильное волнение, которое тщетно я хотел скрыть под личиною обыкновенного светского спокойствия. И эта женщина могла быть моею, совершенно моею! Наша любовь не преступна, она была для меня вдовою; она без укоризны совести могла располагать своею рукою; и мёртвый — мёртвый между нами! Опера потеряла для меня интерес; пользуясь моим местом в ложе, я будто бы смотрел на сцéну, но не своди́л глаз с Эли́зы и её мýжа. Онá былá томнéе прéжнего, но ещё прекрáснее; я мы́сленно ряди́л её в то плáтье, в котóром онá мне предстáвилась в видéнии; чýвства мои́ волновáлись, душá вырывáлась из тéла; от неё взор мой переходи́л на моегó таи́нственного сопéрника; при пéрвом взгля́де лицó егó не имéло никакóго осóбенного выражéния, но при бóльшем внимáнии вы уверя́лись невóльно, что на э́том лицé лежи́т печáть преступлéния. В том мéсте óперы, где вампи́р прóсит прохóжего повороти́ть егó к сия́нию луны́, котóрое должнó оживи́ть егó, граф сýдорожно вздрóгнул; я устреми́л на негó глазá с любопы́тством, но он хóлодно взял лорнéтку и повёл éю по теáтру: бы́ло ли э́то воспоминáние о егó приключéнии, простáя ли физи́ческая игрá нерв или внýтренний гóвор егó таи́нственной ýчасти, — отгадáть бы́ло невозмóжно. Пéрвый акт кóнчился; прили́чие трéбовало, чтóбы я заговори́л с Эли́зою; я прибли́зился к балюстрáде её лóжи. Онá óчень равнодýшно познакóмила меня́ со свои́м мýжем; он с развя́зностью óпытного свéтского человéка сказáл мне нéсколько привéтливых фраз; мы разговори́лись об óпере, об óбществе; рéчи грáфа бы́ли остроýмны, замечáния тóнки: ви́дно бы́ло свéтского человéка, котóрый под личи́ною равнодýшия и насмéшки скрывáет корóткое знакóмство с многоразли́чными óтраслями человéческих знáний. Находя́сь так бли́зко от негó, я мог рассмотрéть в глазáх егó те стрáнные багрóвые и́скры, о котóрых говори́ла мне Эли́за; впрóчем, э́та игрá прирóды не имéла ничегó неприя́тного; напрóтив, онá оживля́ла проницáтельный взгляд грáфа; былá замéтна тáкже какáя-то злóба в сýдорожном движéнии тóнких губ, но её мóжно бы́ло приня́ть лишь за выражéние обыкновéнной свéтской насмéшливости.

На другóй день я получи́л от грáфа пригласи́тельный билéт на рáут.[111] Чрез нéсколько врéмени на обéд en petit comité,[112] и так дáлее. Слóвом, почти́ кáждую недéлю хоть раз, но я ви́дел мою́ Эли́зу, шути́л с её мýжем, игрáл с её детьми́, котóрые хотя́ бы́ли не óчень любéзны, но до крáйности смешны́. Они́ походи́ли бóлее на отцá, нéжели на мать, бы́ли серьёзны не по вóзрасту,[113] что я припи́сывал стрóгому воспитáнию; их словá чáсто меня́ удивля́ли своéю значи́тельностию и насмéшливым тóном, но я не без удовóльствия замéтил на э́тих дéтских ли́цах ужé довóльно ясные признаки того судорожного движения губ, которое мне так не нравилось в графе. В разговоре с графинею нам, разумеется, не нужно было приготовлений: мы понимали каждый намёк, каждое движение; впрочем, никто по виду не мог бы догадаться о нашей старинной связи; ибо мы вели себя осторожно и позволяли себе даже глядеть друг на друга только тогда, когда граф сидел за картами, им любимыми до безумия.

Так прошло несколько месяцев; ещё ни разу мне не удалось видеться с Элизою наедине, но она обещала мне свидание, и я жил этою надеждою.

Между тем, размышляя о всех странных случаях, происходивших со мною, я запасся всеми возможными книгами о магнетизме; Пьюсегюр, Делёз, Вольфарт, Кизер[114] не сходили с моего стола; наконец, казалось мне, я нашёл разгадку моего психического состояния, я скоро стал смеяться над своими прежними страхами, удалил от себя все мрачные, таинственные мысли, и наконец уверился, что вся тайна скрывается в моей физической организации, что во мне происходит нечто подобное очень известному в Шотландии так называемому «второму зрению»;[115] я с радостию узнал, что этот род нервической болезни проходит с летами[116] и что существуют средства вовсе уничтожить её. Следуя сим сведениям, я начертил себе род жизни, который должен был вести меня к желанной цели: я сильно противоборствовал малейшему расположению к сомнамбулизму — так называл я своё состояние; верховая езда, беспрестанная деятельность, беспрестанная рассеянность, ванна — всё это вместе, видимо, действовало на улучшение моего физического здоровья, а мысль о свидании с Элизою изгоняла из моей головы все другие мысли.

Однажды после обеда, когда возле Элизы составился кружок празношатающихся по гостиным,[117] она нечувствительно завела речь о суевериях, о приметах. «Есть очень умные люди, — говорила Элиза хладнокровно, — которые верят приметам и, что всего страннее, имеют сильные доказательства для своей веры; например, мой муж не пропускает никогда вечера накануне Нового года, чтоб не играть в карты; он говорит, что всегда в этот день он чувствует необыкновенную сметливость, необыкновенную память, в этот день ему приходят в голову такие расчёты в картах, которых он и не воображал; в этот день, говорит он, я учусь на целый год». На этот рассказ посыпался град замечаний,[118] одно другого пустее; я один понял смысл этого рассказа: один взгляд Элизы объяснил мне всё.

— Кажется, теперь 10 часов, — сказала она чрез несколько времени...

— Нет, уже 11, — отвечали некоторые простачки.

— Le temps m'a paru trop court dans votre societé, messieurs...[119] — проговорила Элиза тем особенным тоном, которым умная женщина даёт чувствовать, что она совсем не думает того, что говорит; но для меня было довольно.

Итак, накануне Нового года, в 10 часов... Нет, никогда я не испытывал большей радости! В течение долгих, долгих дней видеть женщину, которую некогда держал в своих объятиях, видеть и не сметь пользоваться своим правом, и наконец дождаться счастливой, редкой минуты... Надобно испытать это непонятное во всяком другом состоянии чувство!

В последние дни перед Новым годом я потерял сон, аппетит, вздрагивал при каждом ударе маятника, ночью просыпался беспрестанно и взглядывал на часы, как бы боясь потерять минуту.

Наконец наступил канун Нового года. В эту ночь я не спал решительно ни одной минуты и встал с постели измученный, с головною болью; в невыразимом волнении ходил я из угла в угол и взором следовал за медленным движением стрелки. Пробило восемь часов; в совершенном изнеможении я упал на диван... Я серьёзно боялся занемочь, и в такую минуту!... Лёгкая дремота начала склонять меня; я позвал камердинера: «приготовить кофию и, если я засну, в 9 часов разбудить меня, но непременно — слышишь ли? Если ты пропустишь хоть минуту, я сгоню тебя со двора, если разбудишь вовремя — сто рублей».

С этими словами я сел в кресло, приклонил голову и заснул сном свинцовым... Ужасный грохот пробудил меня. Я проснулся — руки, лицо были у меня мокры и холодны... у ног моих лежали огромные бронзовые часы, разбитые вдребезги, — камердинер говорил, что я, сидя возле их, вероятно, задел их рукою, хотя он этого и не заметил. Я схватился за чашку кофею, когда послышался звук других часов, стоявших в ближней комнате, я стал считать: бьёт один, два, три... восемь, девять... десять!... одиннадцать!... двенадцать!... Чашка полетела в камердинера.

— Что ты сделал? — вскричал я вне себя.

— Я не виноват, — отвечал несчастный камердинер, обтираясь, — я исполнил ваше приказание: едва начало бить девять, я подошёл будить вас, вы не просыпались, я поднимал вас с кресел, а вы только изволили мне отвечать:[120] «Ещё мне рано, рано... Бога ради... не губи меня» — и снова упадали в кресла, я, наконец, решился облить вас холодною водою; но ничто не помогало: вы только повторяли: «не губи меня». Я уже хотел было послать за доктором, но не успел дойти до двери, как часы, не знаю от чего, упали, и вы изволили проснуться...

Я не обращал внимания на слова камердинера, оделся как можно поспешнее, бросился в карету и поскакал к графине.

На вопрос: «Дома ли граф?» швейцар отвечал: «Нет, но графиня дома и принимает». Я не взбежал, но влетел на лестницу! В дальней комнате меня ждала Элиза, увидев меня, она вскрикнула с отчаянием: «Так поздно! Граф должен скоро возвратиться: мы потеряли невозвратимое время!»

Я не знал, что отвечать, но минуты были дороги, упрёкам не было места, мы бросились друг другу в объятия. О многом, многом нам должно было говорить; рассказать о прошедшем, условиться о настоящем, о будущем; судьба так причудливо играла нами, то соединяла тесно на одно мгновение, то разлучала надолго целою бездною;[121] жизнь наша связывалась отрывками, как минутные вдохновения беззаботного художника. Как много в ней осталось необъяснённого, непонятного, недосказанного. Едва я узнал, что жизнь Элизы ад, исполненный мучений всякого рода: что нрав её мужа сделался ещё ужаснее, что он терзал её ежедневно, просто для удовольствия; что дети были для неё новым источником страданий; что муж её преследовал и старался убить в них всякую честную мысль, всякое благородное чувство, что он и словами и примерами знакомил их с понятиями и страстями, которые ужасны и в зрелом человеке, — и когда бедная Элиза старалась спасти невинные души от заразы, он приучал несчастных малюток смеяться над своей матерью... Эта картина была ужасна.

Мы уже говорили о возможности прибегнуть к покровительству законов,[122] рассчитывали все вероятные удачи и неудачи, все выгоды и невыгоды такого дела... Но наш разговор слабел и прерывался беспрестанно — слова замирали на пылающих устах — мы так давно ждали этой минуты; Элиза была так обольстительно-прекрасна, негодование ещё более разжигали наши чувства, её рука впилась в мою руку, её голова прильнула ко мне, как бы ища защиты... Мы не помнили, где мы, что с нами, и когда Элиза в самозабвении повисла на моей груди... дверь не отворилась, но муж её явился подле нас. Никогда не забуду этого лица: он был бледен, как смерть, волосы шевелились на голове его как наэлектризованные, он дрожал как в лихорадке, молчал, задыхаясь, и улыбался. Я и Элиза стояли как окаменелые; он схватил нас обоих за руки... его лицо покривилось... щёки забагровели... глаза засветились... он молча устремил их на нас... Мне показалось, что огненный кровавый луч исходил из них... Магическая сила сковала все мои движения, я не мог пошевельнуться, не смел отвести глаза от страшного взора... Выражение его лица с каждым мгновением становилось свирепее, с тем вместе сильнее блистали его глаза, багровее становилось лицо... Не настоящий ли огонь зарделся под его нервами?... Рука его жжёт мою руку... ещё мгновение, и он заблистал как раскалённое железо... Элиза вскрикнула... мебели задымились... синеватое пламя побежало по всем членам мертвеца, посреди кровавого блеска обозначились его кости белыми чертами... Платье Элизы загорелось; тщетно я хотел вырвать её руку из мстительного пожатия... глаза мертвеца следовали за каждым её движением и прижигали её... лицо его сделалось пепельного цвета, волосы побелели и свернулись, лишь одни губы багровою полосою прорезывались по лицу его и улыбались коварною улыбкою... Пламя развилось с непостижимою быстротою: вспыхнули занавески, цветы, картины, запылал пол, потолок, густой дым наполнил всю комнату... «Дети! Дети!...» — вскричала Элиза отчаянным голосом. «И они с нами!» — отвечал мертвец с громким хохотом...

С этой минуты я уже не помню, что было со мною... Едкий, горячий смрад душил меня, заставлял закрывать глаза, я слышал как во сне вопли людей, треск разва́ливающегося до́ма...¹²³ Не зна́ю, как рука́ моя́ вы́рвалась из рук мертвеца́: я почу́вствовал себя́ свобо́дным, и живо́тный инсти́нкт заставля́л меня́ кида́ться в ра́зные сто́роны, чтобы избе́гнуть обва́ливающихся стропи́л... В э́ту мину́ту то́лько я заме́тил пред собо́ю как бу́дто бе́лое о́блако... всма́триваюсь... в э́том о́блаке мелька́ет лицо́ Со́фьи... она́ гру́стно улыба́лась, манила́ меня́... Я нево́льно сле́довал за не́ю... Где пролета́ло виде́ние, там пла́мя отгиба́лось, и све́жий, души́стый во́здух оживля́л моё дыха́ние... Я всё да́лее, да́лее...

Наконе́ц я уви́дел себя́ в свое́й ко́мнате.

До́лго не мог я опо́мниться; я не знал, спал я и́ли нет; взгляну́л на себя́ — пла́тье моё не тле́ло; лишь на руке́ оста́лось чёрное пятно́... э́тот вид потря́с все мои́ не́рвы; и я сно́ва потеря́л па́мять...

Когда́ я пришёл в себя́, я лежа́л в посте́ли, не име́я си́лы вы́говорить сло́во.

— Сла́ва бо́гу! кри́зис ко́нчился! Есть наде́жда! — сказа́л кто́-то во́зле меня́. Я узна́л го́лос до́ктора Би́на, я си́лился вы́говорить не́сколько слов — язы́к мне не повинова́лся.

По́сле до́лгих дней соверше́нного безмо́лвия пе́рвое моё сло́во бы́ло:

— Что Эли́за?

— Ничего́! Ничего́! Сла́ва бо́гу, здоро́ва, веле́ла вам кла́няться...

Си́лы мои́ истощи́лись на произнесённый вопро́с, но отве́т до́ктора успоко́ил меня́.

Я стал оправля́ться, меня́ на́чали посеща́ть знако́мые. Одна́жды, когда́ я смотре́л на свою́ ру́ку и стара́лся вспо́мнить, что зна́чило на ней чёрное пятно́, — и́мя гра́фа, ска́занное одни́м из прису́тствующих, порази́ло меня́, я стал прислу́шиваться, но ра́зговор был для меня́ непоня́тен.

— Что с гра́фом? — спроси́л я, приподнима́ясь с поду́шки.

— Да! Ведь ты к нему́ езжа́л! — отвеча́л мой знако́мый.

— Ра́зве ты не зна́ешь, что с ним случи́лось? Вот судьба́! Накану́не Но́вого го́да он игра́л в ка́рты у ***, сча́стье ему́ благоприя́тствовало необыкнове́нно¹²⁴; он повёз домо́й су́мму необъя́тную, но вообрази́ — но́чью у него́ в до́ме сде́лался пожа́р; всё сгоре́ло: он сам, жена́, де́ти, дом — как не быва́ли; поли́ция де́лала чудеса́, но всё тще́тно: не спасено́ ни нитки, пожарные говорили, что отроду им ещё не случалось видеть такого пожара: уверяли, что даже камни горели! В самом деле, дом весь рассыпался, даже трубы не торчат...

Я не дослушал рассказа: ужасная ночь живо возобновилась в моей памяти, и страшные судороги потрясли всё моё тело.

«Что вы наделали, господа!» — вскричал доктор Бин, но уже было поздно: я снова приблизился к дверям гроба. Однако молодость ли, попечения ли доктора, таинственная ли судьба моя — только я остался в живых.

С этих пор доктор Бин сделался осторожнее, перестал впускать ко мне знакомых и сам почти не отходил от меня...

Однажды — я уже сидел в креслах — во мне не было беспокойства, но тяжкая, тяжкая грусть, как свинец, давила грудь мою. Доктор смотрел на меня с невыразимым участием...

— Послушайте, — сказал я, — теперь я чувствую себя уже довольно крепким; не скрывайте от меня ничего: неизвестность более терзает меня...

— Спрашивайте, — отвечал доктор уныло, — я готов отвечать вам...

— Что тётушка?

— Умерла.

— А Софья?

— Вскоре после неё, — проговорил почти со слезами добрый старик.

— Когда? Как?

— Она была совершенно здорова, но вдруг, накануне Нового года, с нею сделались непонятные припадки, я сроду не видал такой болезни: всё тело её было как будто обожжено...

— Обожжено?

— Да! То есть имело этот вид; я говорю вам так, потому что вы не знаете медицины; но это, разумеется, был род острой водяной...[125]

— И она долго страдала?...

— О нет, слава Богу! Если бы вы видели, с каким терпением она сносила свои терзания, обо всех спрашивала, всем занималась... Право, настоящий ангел, хотя и была немножко простовата. Да, кстати, она и об вас не забыла:

47

вы́рвала листо́к из свое́й записно́й кни́жки и проси́ла меня́ отда́ть вам на па́мять, вот он.

Я с тре́петом схвати́л драгоце́нный листо́к: на нём бы́ли то́лько сле́дующие слова́ из како́й-то нравоучи́тельной кни́жке:

«Вы́сшая любо́вь страда́ть за друго́го...»

С невырази́мым чу́вством я прижа́л к губа́м э́тот листо́к. Когда́ я сно́ва хоте́л проче́сть его́, то заме́тил, что под э́тими слова́ми бы́ли други́е: *«Всё сверши́лось!* — говори́ло маги́ческое письмо́. — *Же́ртва принесена́! Не жале́й обо мне́ — я сча́стлива! Твой путь ещё до́лог, и его́ коне́ц от тебя́ зави́сит. Вспо́мни слова́ мои́: чи́стое се́рдце — вы́сшее бла́го; ищи́ его́».*

Слёзы поли́лись из глаз мои́х, но то бы́ли не слёзы отча́яния.

Я не бу́ду опи́сывать подро́бностей моего́ выздоровле́ния, а постара́юсь хотя́ слегка́ обозна́чить но́вые страда́ния, кото́рым подве́ргся, и́бо путь мой до́лог, как говори́ла Со́фья.

Одна́жды, гру́стно перебира́я все происше́ствия мое́й жи́зни, я стара́лся прони́кнуть в таи́нственные свя́зи, кото́рые соединя́ли меня́ с люби́мыми мно́ю существа́ми и с людьми́ почти́ мне чужи́ми. Си́льно возбуди́лось во мне жела́ние узна́ть, что де́лалось с Эли́зою... Не успе́л я пожела́ть, как таи́нственная дверь моя́ раствори́лась. Я уви́дел Эли́зу пред собо́ю; она́ была́ та же, как и в после́дний день — так же молода́, так же прекра́сна: она́ сиде́ла в глубо́ком безмо́лвии и пла́кала; невырази́мая грусть явля́лась во всех черта́х её. Во́зле неё бы́ли её де́ти; они́ печа́льно смотре́ли на Эли́зу, как бу́дто чего́ от неё ожида́я. Воспомина́ния ворва́лись в грудь мою́, вся пре́жняя любо́вь моя́ к Эли́зе воскре́сла. «Эли́за! Эли́за!» — вскрича́л я, простира́я к ней ру́ки.

Она́ взгляну́ла на меня́ с го́рьким упрёком... и гро́зный муж яви́лся пред не́ю. Он был тот же, как и в после́днюю мину́ту: лицо́ пе́пельного цве́та, по кото́рому проре́зывались то́нкою ни́тью багро́вые гу́бы; во́лосы бе́лые, сверну́вшиеся клубко́м;[126] он с свире́пым и насме́шливым ви́дом посмотре́л на Эли́зу, и что же? Она́ и де́ти побледне́ли — лицо́, как у

48

отца́, сде́лалось пе́пельного цве́та, гу́бы протяну́лись багро́вою чертою, в су́дорожных му́ках они́ потяну́лись к отцу́ и обвива́лись вокру́г чле́нов его́... Я закрича́л от у́жаса, закры́л лицо́ рука́ми... Виде́ние исче́зло, но недо́лго. Едва́ я взгля́дываю на свою́ ру́ку, она́ напомина́ет мне Эли́зу, едва́ вспомина́ю о ней, пре́жняя страсть возбужда́ется в моём се́рдце, и она́ явля́ется предо мно́ю сно́ва, сно́ва гляди́т на меня́ с упрёком, сно́ва пепеле́ет и сно́ва су́дорожно тя́нется к своему́ мучи́телю...

Я реши́лся не повторя́ть бо́лее моего́ стра́шного о́пыта и для сча́стья Эли́зы стара́ться забы́ть о ней. Чтобы рассе́ять себя́, я стал выезжа́ть, ви́деться с друзья́ми; но ско́ро по ме́ре моего́ выздоровле́ния я начина́л замеча́ть в них что́-то стра́нное; в пе́рвую мину́ту они́ узнава́ли меня́, бы́ли ра́ды меня́ ви́деть, но пото́м ма́ло-пома́лу в них рожда́лась кака́я-то хо́лодность, похо́жая да́же на отвраще́ние; они́ сили́лись сбли́зиться со мно́ю, и что́-то нево́льно их отта́лкивало. Кто начина́л разгово́р со мно́ю, че́рез мину́ту стара́лся его́ око́нчить; в о́бществах лю́ди как бу́дто оття́гивались от меня́ непостижи́мою си́лою,[127] переста́ли посеща́ть меня́, слу́ги, несмотря́ на огро́мное жа́лованье и на обыкнове́нную ти́хость моего́ хара́ктера, не прожива́ли у меня́ бо́лее ме́сяца; да́же у́лица, на кото́рой я жил, сде́лалась безлю́днее; никако́го живо́тного я не мог привяза́ть к себе́;[128] наконе́ц, как я заме́тил с у́жасом, пти́цы никогда́ не сади́лись на кры́шу моего́ до́ма. Оди́н до́ктор Бин остава́лся мне ве́рен; но он не мог поня́ть меня́, и в расска́зах о стра́нной пусты́не, в кото́рой я находи́лся, он ви́дел одну́ игру́ воображе́ния.

Этого ма́ло; каза́лось, все несча́стия на меня́ обру́шились: что я ни предпринима́л, ничто́ мне не удава́лось; в дере́внях несча́стия сле́довали за несча́стиями, со всех сторо́н про́тив меня́ откры́лись тя́жбы, и ста́рые, давно́ забы́тые проце́ссы возобнови́лись; тще́тно я все́ю возмо́жною де́ятельностью хоте́л воспроти́виться э́тому нападе́нию судьбы́ — я не находи́л в лю́дях ни сове́та, ни по́мощи, ни приве́та; велича́йшие несправедли́вости соверша́лись про́тив меня́, и вся́кому каза́лись са́мым пра́ведным де́лом. Я пришёл в соверше́нное отча́яние...

Одна́жды, узна́в о поте́ре полови́ны моего́ име́ния в са́мом несправедли́вом проце́ссе, я пришёл в гнев, кото́рого ещё никогда́ не испы́тывал; нево́льно я перебира́л в уме́ все ухищрения, употреблённые против меня, всю неправоту моих судей, всю холодность моих знакомых, сердце моё забилось от досады... и снова таинственная дверь предо мною растворилась, я увидел все те же лица, против которых воспалился гневом, — ужасное зрелище! В другом мире мой нравственный гнев получил физическую силу: он поражал врагов моих всеми возможными бедствиями, насылал на них болезненные судороги, мучения совести, все ужасы ада... Они с плачем простирали ко мне свои руки, молили пощады, уверяя, что в нашем мире они действуют по тайному, непреодолимому побуждению...

С этой минуты гибельная дверь души моей не затворяется ни на мгновение. Днём, ночью, вокруг меня толпятся видения лиц мне знакомых и незнакомых. Я не могу вспомнить ни о ком ни с любовью, ни с гневом; всё, что любило меня или ненавидело, всё, что имело со мною малейшее сношение, что прикасалось ко мне, всё страдает и молит меня отвратить глаза мои...

В ужасе невыразимом, терзаемый ежеминутно, я боюсь мыслить, боюсь чувствовать, боюсь любить и ненавидеть! Но возможно ли это человеку? Как приучить себя не думать, не чувствовать? Мысли невольно являются в душе моей — и мгновенно пред моими глазами обращаются в терзание человечеству. Я покинул все мои связи, моё богатство; в небольшой, уединённой деревне, в глуши непроходимого леса, не знаемый никем, я похоронил себя заживо; я боюсь встретиться с человеком, ибо всякий, на кого смотрю, занемогает; боюсь любоваться цветком — ибо цветок мгновенно вянет пред моими глазами... Страшно! Страшно!... А между тем этот непонятный мир, вызванный магическою силою, кипит предо мною: там являются мне все приманки, все обольщения жизни, там женщины, там семейство, там все очарования жизни; тщетно я закрываю глаза — тщетно!...

Скоро ль, долго ль пройдёт моё испытание, — кто знает! Иногда, когда слёзы чистого, горячего раскаяния льются из глаз моих, когда, откинув гордость, я со смирением сознаю всё безобразие моего сердца, — видение исчезает, я успокаиваюсь — но ненадолго! Роковая дверь отворена: я, жилец здешнего мира, принадлежу к другому, я поневоле там действователь, я там — ужасно сказать — я там *орудие казни!*

NOTES

1. The story is dedicated to the writer Countess Evdokiia Petrovna Rostopshchina (1811-58), a close friend and confidante of Odoevskii.

2. 'Whatever is is on the outside is also to be found on the inside'. The source of the quotation is uncertain, but it may derive from the English philosopher and mystic, John Pordage (1607-81), with whose work Odoevskii was very familiar. The 'Neoplatonists' is a modern term given to a number of philosophers of the 3rd to 6th centuries AD who sought to develop and recast Plato's ideas within the context of Christianity. For approximately a thousand years (c. 250-1250 AD) Neoplatonism was the dominant philosophy in Europe; its influence continued into the 19th century.

3. сих: the prepositional plural of сей, 'this'.

4. препорядочный том in — 4: 'a respectable volume in quarto size'.

5. Чýдные обстоятелствьва: 'the marvellous circumstances'. Note the distinction between чýдный, 'magical', 'marvellous', and чуднóй, 'strange', 'odd'.

6. с ужáсною логúческою послéдовательностию: 'with a terrible logical consistency'. Note the archaic instrumental ending of the noun (the modern form is -ью).

7. чрез = чéрез.

8. смотря по томý, как мне служúла пáмять: 'according to how my memory has served me'.

9. я притворúлся спящим: 'I pretended to be asleep'.

10. Я не мог довóльно им налюбовáться: 'I could not look at them enough'.

11. что мне достáнется за мою вчерáшнюю прокáзу: 'that I would catch it for yesterday's escapade'.

12. A cosmorama is an optical apparatus, similar to a miniature camera obscura, in which painted objects and characters appear lifelike when viewed through glass. Odoevskii himself possessed such a cosmorama as a toy (but presumably without any magic powers!).

13. рукáми и ногáми выкúдывал удивúтельные штýки: 'did astonishing things with its arms and legs'.

14. Где твой гнедко́?: 'Where's that (bay) horse of yours?'

15. Simbirsk, renamed Ulianovsk in 1924, after V.I. Ulianov, the real name of Lenin; a city and regional centre on the River Volga, some 450 miles east of Moscow.

16. с са́мым байрони́ческим расположе́нием ду́ха: 'in a most Byronic state of mind'. The influence of Byron and of 'Byronism', as a philosophy of life, on Russian nineteenth-century literature was considerable.

17. не дава́ть прохо́да ни одно́й же́нщине: 'not to leave a single woman in peace'.

18. воше́дши в дя́дюшкин дом: 'on entering my uncle's house'. Воше́дши is the old form of the past gerund of войти́. Modern Russian would be войдя́.

19. Злополу́чный счастли́вец!: 'You ill-starred fortunate!'

20. да́йте-ка я вам пропишу́ миксту́ру: 'come on now, let me prescribe you some medicine'. The particle -ка is used colloquially to modify the force of the imperative.

21. «Зна́ешь ли, что там у вас, я ду́маю?»: 'Do you know what I am thinking there, in your world?'

22. спелёнан мой ум: 'my mind is clouded' (literally 'swaddled').

23. Vladimir Petrovich mysteriously acquires a new patronymic (Andreevich) later in the story. It is not certain whether this reflects a mistake on the author's part or implies some confusion in the characters' minds.

24. меня́ моро́з по ко́же подира́ет: 'it's making my flesh creep'.

25. Петро́вского Бульва́ра; Рожде́ственского Монасты́ря: the names refer to a street and a monastery in the central part of Moscow, to the north of the Kremlin.

26. на Трубе́: a square (full name, Тру́бная пло́щадь) in the same part of Moscow.

27. постро́енные назло́ всем пра́вилам архитекту́ры: 'built to spite all architectural rules'.

28. поража́ла меня́ свое́ю прихотли́вою небре́жностию: 'struck me with its whimsical carelessness'.

29. по нём: modern Russian requires по нему́.

30. кото́рых никогда́ не возбудя́т вы́лощенные петербу́ржские дома́: 'which are never awakened by those carefully groomed Petersburg houses'.

31. которые, ка́жется, гото́вы расша́ркаться по мостово́й: 'ready, apparently, to bow and scrape their way along the pavement'.

32. на Мохово́й: on Mokhovaia Street (one of the principal thoroughfares in the centre of Moscow).

33. раскла́дывала гран-пасья́нс: 'laying out a game of patience'.

34. Наси́лу ты, ба́тюшка, вспо́мнил обо мне́: 'You remembered about me only with some difficulty, young man'.

35. Вишь, вы лю́ди то́нные, то́лько по газе́там об вас и узнаём: 'You see, we only find out about you grand people from the newspapers'. Russian nineteenth-century newspapers published lists of city arrivals and departures. The colloquial form вишь is a contraction of ви́дишь.

36. хоть бы когда́ стро́чку написа́л!: 'all you needed to do was to write me a line!'.

37. не́чего сказа́ть: 'there can be no denying it'.

38. у меня́ здесь то́чно ме́сячная ночь: 'it's as if it's a moonlit night'.

39. я ча́ю: 'I expect'. Ча́ять is an obsolete verb, now used only colloquially.

40. одна́ у нас с не́ю то́лько беда́: 'there's only one problem with her'.

41. По́лно, ба́тюшка, фарлакури́ть: 'That's enough of your flirting, young man'. Фарлакури́ть: from the French 'faire la cour (à)'; cf. Russian стро́ить ку́ры (+ dative.).

42. У вас пра́вды на во́лос нет: 'There's not a single grain of truth in you'.

43. сме́ртная охо́тница покупа́ть дома́ и стро́иться: 'a fanatical enthusiast for buying houses and building'.

44. à la Valière: a particular hairstyle; cf. French 'lavallière', 'large bow tie'.

45. в перево́де Шле́геля: 'in Schlegel's translation'. August Wilhelm Schlegel (1767-1845), the brother of the writer and idealist philosopher, Friedrich Schlegel.

46. Mikhail Matveevich Kheraskov (1733-1807), the author of a number of plays and epic poems, including 'Rossiiada' (1779), his best-known work. Written in the classical style, its theme is the defeat of the Tatars by Ivan IV.

47. да и там то́лько о приезжа́ющих: See Note 35.

48. Sof'ia (Sophia) is the full Russian form for Sonia and is derived from the Greek word for 'wisdom'. According to Gnostic belief Sophia is seen as playing a Christ-like role, acting as a mediator and intercessor between the spiritual and material worlds.

49. «Стрекоза́ и Мураве́й»: 'The Dragonfly and the Ant', a fable by La Fontaine, 'La Cigale et la fourmi' (1668). It was translated into Russian many times, but its most familiar version would have been that by the great Russian fabulist I. A. Krylov (1769-1844).

50. Вишь, она́ как с тобо́й раскуда́хталась: 'You see how she gabbles away to you'. See also Note 31.

51. Что ты ей там напева́ешь?: 'What are you chirping on about now?'

52. ко́фей: the modern form is ко́фе, but the word still retains its masculine gender.

53. Тогда́ и пу́дру уж на́чали покида́ть: 'That's the time they started to give up using powder'.

54. Со́ня мне о́чень приглянулась: 'Sonia had really caught my eye'.

55. что и не сни́лось на́шим мудреца́м: 'than is dreamt of by our philosophers'. The English original has 'your philosophy'.

56. The reference is to the short penultimate scene of *Faust. Part 1*, entitled 'Nacht. Offen Feld'.

57. Э́то никуда́ не годи́тся: 'That won't help at all.'

58. шить гла́дью: 'satin-stitch'.

59. за недоста́тком дневно́го све́та: 'because of the lack of daylight.'

60. терпе́л во всём нужду́: 'endured every kind of privation'.

61. вы́шедши из пеще́ры: 'on leaving the cave'. See Note 18.

62. Friedrich Adolph Krummacher (1767-1845), German poet and professor of theology.

63. взя́тые из како́й-то а́збуки: 'taken from some primer'.

64. ма́нит ваш взор свое́ю чу́дною резьбо́ю: 'our gaze is lured by its intricate designs'.

65. но я заси́живался у ней по вечера́м: 'but I spent long evenings in her company'. Заси́живаться/засиде́ться: 'to sit up late'. Note that modern Russian requires у неё.

66. призва́в на по́мощь донкихо́тство: 'summoning all the quixotic aspects of my nature to my assistance'. Don Quixote, the eponymous hero of the novel by the Spanish author Miguel Cervantes (1547-1616), is characterised above all by an impetuous and totally impractical idealism.

67. От гра́фа с на́рочным: 'From the Count, by special messenger'. In Odoevskii's time the stress would have been placed on the second syllable, наро́чный.

68. я уже́ давно́ собира́юсь в тверску́ю дере́вню: 'I have been planning for a long time to go to my village in Tver province'. Tver (in the Soviet era, Kalinin) province is situated to the north-west of Moscow, on both banks of the upper River Volga.

69. бы́ло бы де́лом обыкнове́нным для вся́кого проезжа́ющего: 'would have been natural for any traveller'.

70. Она́ не свой брат: 'It's a very dangerous illness'.

71. пусть себе́ успоко́иться до вы́носа: 'let her calm down before the bearing-out (of the body to the church)'.

72. До́брый стари́к не мог мно́ю нахвали́ться: 'The dear old chap could not praise me enough'.

73. Ино́й бы взял да уе́хал: 'Anyone else would just have upped and gone'.

74. не́чего греха́ таи́ть: 'it must be confessed'.

75. «труп врага́ всегда́ хорошо́ па́хнет»: 'the body of one's enemy always smells sweet'. The saying is attributed to Aulus Vitellius (15-69 AD), who was briefly proclaimed as Roman Emperor before his death at the hands of Vespasian.

76. отда́в после́дний долг поко́йнику: 'having paid her final respects to the deceased'.

77. Modern Russian: на/в Украи́не.

78. плотско́й: carnal, sensual. Modern Russian: пло́тский.

79. чего́ не переговори́шь в два́дцать четы́ре часа́: 'what can't be discussed within the space of twenty-four hours?'.

80. чтобы скоре́е о́тдали земле́ земно́е: 'for the earth to reclaim its own as quickly as possible'.

81. и досадо́вал на срок, устано́вленный зако́ном: 'and became angry at the period which the law had ordained' (before being able to remarry).

82. в ку́ще древе́с: 'in the thicket of trees'. Дре́во, plural древеса́, obsolescent word for 'tree'.

83. Но этому не быва́ть, нет!: But no, that will never be!'

84. рассказа́ть её не доста́нет слов челове́ческих: '(human) words would not be enough to tell it'.

85. кото́рые то́лько мо́жет изобре́сть воображе́ние: 'which the imagination could ever devise'. То́лько is used in this context as an emphasising particle, rather than in its normal sense of 'only'. Изобрѣсть (modern form изобрести), perfective of изобретать, 'invent, devise'.

86. описать всё...не достанет нескольких томов: 'several volumes would not be sufficient to describe everything...'.

87. Когда возвратилась ко мне раздражительность внѣшних чувств: 'When I first returned to a semblance of external feeling'. The translation of раздражительность in its usual sense of 'irritability' would not be appropriate here.

88. Здоровёшенек!: the masculine short form of здоровёшенький, 'completely healthy'.

89. Хороших было мы дел наделали!: 'We've been doing some wonderful things!'.

90. насилу оттёр вас: 'it was difficult to rub some life back into you'. Оттирать/оттереть, 'to restore sensation to (by rubbing)'.

91. Куда вам за нами, медиками!: 'Where would you be without us doctors?'.

92. уж я его и тем и другим: 'I did this and that to him'.

93. See Note 23.

94. Уж лучше бы, матушка, пожалела обо мнѣ: 'It would be better, my dear girl, to show some concern for me'.

95. У нас и помине о братце нѣ было: 'We didn't even mention my cousin'.

96. так и брякнула своё: 'she's put her foot into it again'. Брякать/брякнуть, colloquially 'to blurt out'.

97. да вишь, у меня учительша какая проявилась: 'when, you see, little miss teacher here has to intervene'. The diminutive form учительша is used in a pejorative sense to express sarcasm. See also Note 35.

98. Вот уж, батюшка, могу сказать, утѣшница: 'She's a great comfort, young man, I must say'. Again, the sense is sarcastic.

99. а она нет-нѣт да о смерти заговорит: 'but no, she has to start talking about death'.

100. Экая корыстолюбивая!: 'What a self-centred young lady!'.

101. Вот какую змею я у себя пригрѣла: 'You see what a snake I've been harbouring.'

102. кто хочет учиться, тот ужé в половину выучен: 'those who want to learn are already halfway to being educated'.

103. казалось, я приросс к креслу: 'I seemed to be rooted to my armchair'.

104. мало ли что казалось необъяснимым?: 'haven't there been many things which have appeared inexplicable?'.

105. ты увидишь, как я разверну́сь: 'you'll see the changes in me' (literally, 'how I will develop').

106. вотрёмся к ним в любовь: 'we'll worm our way into their hearts'. **Втира́ться/втере́ться (к):** 'insinuate oneself'.

107. всё в жертву тебе: 'she will sacrifice everything for you'.

108. Если бы тебя в ру́ки магнетизёра: 'If we could put you into the hands of a mesmerist'. The verb **отда́ть** is understood in the Russian. The Austrian physician Friedrich Anton Mesmer (1734-1815) first advanced his theory of 'animal magnetism', the forerunner of hypnotism, in Paris in 1778. The modern Russian term would be **гипнотизёр**.

109. Магнети́зм!: 'Mesmerism!'. Modern Russian: **гипноти́зм**.

110. Heinrich August Marschner (1795-1861), German composer of romantic operas. 'The Vampire' was composed in 1827.

111. ра́ут: 'reception'.

112. обе́д en petit comité: 'dinner with a small group of people'.

113. серьёзны не по во́зрасту: 'serious beyond their years'.

114. Puységur, Deleuze, Wolfart and Kieser: the names of exponents of the so-called science of mesmerism. See also Note 108.

115. нечто подобное очень известному в Шотла́ндии так называемому «второ́му зре́нию»: 'something similar to the so-called 'second sight', which was very well known in Scotland'. The reference to Scotland is unclear.

116 прохо́дит с лета́ми: 'goes away with the years'.

117. кружо́к праздношата́ющихся по гости́ным: 'a group of people lounging about the drawing-rooms'.

118. На этот расска́з посы́пался град замеча́ний: 'This story was greeted by a hail of comments'.

119. 'The time has passed too quickly in your company, gentlemen'. The use of French in such circles would be a sign of affectation.

120. а вы то́лько изво́лили мне отвеча́ть: 'but you were pleased merely to reply'. **Изво́лить** ('deign', 'be pleased') was used in pre-revolutionary times to epress respectful attention, typically on the part of servants towards their masters.

121. то соединя́ла те́сно на одно́ мгнове́ние, то разлуча́ла надо́лго це́лою бе́здною: 'had now momentarily brought us close together, now separated us for long periods by a whole abyss'.

122. о возможности прибе́гнуть к покрови́тельству зако́нов: 'about the possibility of resorting to the protection of the law'.

123. Coincidentally Edgar Allan Poe's 'The Fall of the House of Usher' was written in 1839 and published in 1840 (in *Tales of the Grotesque and Arabesque*), exactly coinciding with *Kosmorama*.

124. сча́стье ему́ благоприя́тствовало необыкнове́нно: 'fortune smiled on him unusually favourably'.

125. но э́то, разуме́ется, был род о́строй водяно́й...: 'but this, of course, was a severe case of water...'. The doctor does not finish the sentence.

126. сверну́вшиеся клубко́м: 'curled up into a tangle'.

127. в о́бществах лю́ди как бу́дто оття́гивались от меня́ непостижи́мою си́лою: 'in the clubs people recoiled from me as if controlled by some inscrutable force'.

128. никако́го живо́тного я мог привяза́ть к себе́: 'no animal would remain attached to me'.

VOCABULARY

This vocabulary aims to cover all the words in the text with the exception of:

    1) words that are to be found in Patrick Waddington, *A First Russian Vocabulary* (Bristol Classical Press, 1991);

    2) words that can reasonably be inferred from the above dictionary: e.g. **веселить**, 'to make happy', from **весёлый**, 'cheerful';

    3) words whose meaning is obvious: e.g. **эпóха**;

    4) words dealt with in the notes.

The vocabulary is not intended as a substitute for a good dictionary. Grammatical information has been kept to a minimum, and all words covered have been translated solely according to the context in which they occur.

The following abbreviations are used:

acc.	accusative	*m.*	masculine
coll.	colloquial	*obs.*	obsolete
collect.	collective	*pf.*	perfective
dat.	dative	*pl.*	plural only
f.	feminine	*p.p.p.*	past participle passive
gen.	genitive	*prep.*	prepositional
impf.	imperfective	*pres.g.*	present gerund
inst.	instrumental	*sing.*	singular

А

ад hell
áдский hellish
áлый scarlet
афи́шка poster
áхнуть gasp

Б

багрóвый crimson
бáсня fable

бáтюшка *coll.* young man; my dear fellow
бéдственный disastrous
бежáть *impf.* avoid
безвéрие unbelief
безвкýсие lack of taste
бéздна abyss
беззабóтный carefree
безлю́дный empty (of people)
безмóлвие silence
безобрáзный ugly
безрассýдный reckless, foolhardy

безу́мие madness
безуте́шный inconsolable
бере́чь(ся) take care (of)
бесконе́чный endless
беспреста́нный ceaseless
бесчи́сленный countless
бла́го good
благоде́тель benefactor
благо́й good
благоро́дство nobleness
благоскло́нный gracious, gentle
блаже́нство bliss
блеск brilliance
блиста́ть *impf.* shine
бормота́ть/пробормота́ть
   mutter
боске́тная boscage-room
брани́ть *impf.* reprove
бра́ться *impf.* take upon oneself
бревно́ log, beam
бре́дить *impf.* be delirious, rave
бровь eyebrow
бро́нза bronze
бры́знуть *pf. of* бры́згать gush,
   spurt
бу́дучи *pres. g.* being
бушева́ть *impf.* rage
бытие́ existence

В

вдова́ widow
вдре́безги to smithereens
веле́ть/повеле́ть order
великоле́пный magnificent
велича́вый majestic
вели́чественный grand
вельмо́жа *obs.* grandee
верени́ца line
верхово́й верхова́я езда́
   horse riding
верху́шка top
весьма́ very

ве́чный eternal
веще́ственный material
взаи́мность (*f.*) reciprocity
взвива́ться/взви́ться rise
вздор nonsense
вздорожа́ть *pf. of* дорожа́ть
   rise in price
вздро́гнуть *pf. of* вздра́гивать
   shudder
взобра́ться *pf. of* взбира́ться
   clamber (up)
взор look
виде́ние vision
ви́ться *impf.* twine
влечь *impf.* draw, attract
вли́ться *pf. of* влива́ться pour
   in
влия́ние influence
вмеша́ться *pf. of* вме́шиваться
   intervene
внача́ле at first
внеза́пно suddenly
вне́шний external
вну́тренний internal
внуша́ть *impf.* instil
вня́тный distinct; intelligble
возбужда́ть/возбуди́ть arouse
возвыша́ться *impf.* rise up
возмуща́ть *impf. obs.* trouble,
   disturb
вознагради́ть *pf. of*
   вознагражда́ть reward
возника́ть/возни́кнуть arise
возобнови́ться *pf. of*
   возобновля́ться be renewed
вока́булы *pl. obs.* vocabularies
во́ля will
воображе́ние imagination
вообрази́ть *pf. of* вообража́ть
   imagine
вопль (*m.*) howl, shriek
ворва́ться *pf. of* врыва́ться
   burst into

воро́та gate
воск wax
воскре́снуть *pf. of* воскреса́ть be reawakened
воспали́ться *pf. of* воспаля́ться become inflamed
воспита́ние upbringing
воспи́тываться be brought up
воспо́льзоваться *pf.* (+ inst.) make use of
воспомина́ние memory
воспроти́виться *pf. of* проти́виться (+ dat.) resist
восстава́ть/восста́ть *obs.* rise (up)
восстана́вливать *impf.* restore
во́стрый sharp
восхище́ние delight
восхожде́ние со́лнца sunrise
впа́лый sunken
впери́ть *pf. of* веря́ть fix (of gaze)
впива́ться/впи́ться sink into
враждебный hostile
вразуми́ть *pf. of* вразумля́ть teach, make understand
вскара́бкаться *pf. of* кара́бкаться *coll.* clamber
вскочи́ть *pf. of* вска́кивать jump up
вспы́хивать/вспы́хнуть blaze, flare up
вступле́ние introduction
второпя́х in haste
вы́вод conclusion
вы́года advantage
вы́думанный *p.p.p.* thought up
выздора́вливать *impf.* get better, recover
вы́писка extract
вы́пуклый protuberant, prominent

вы́рваться *pf. of* вырыва́ться burst out of
вы́резанный *p.p.p.* cut out
вы́тянутый *p.p.p.* stretched
вяза́ть *impf.* knit
вя́нуть *impf.* fade, wither

Г

гвозди́ка (*collect.*) cloves
гвоздь (*m.*) nail
ги́бель (*f.*) doom
глота́ть *impf.* swallow
глухо́й indistinct
глушь (*f.*) (provincial) depths
гнать (гоню́, го́нишь) chase
гнев anger
гнедо́й bay-coloured (of horse)
гну́сный vile
голубя́тня dovecot
готи́ческий gothic
граф count
графи́ня countess
грех sin
грози́ть *impf.* (+ dat.) threaten
гро́зный threatening
гро́хот crash
грудь (*f.*) chest, breast
губи́ть *impf.* ruin
гуса́р Hussar

Д

дар gift
двойни́к double
дво́рня (*collect.*) servants
двусмы́сленный ambiguous
де́вственный innocent, pure
де́йствователь actor
де́йствующий де́йствующее лицо́ actor
де́ятельность (*f.*) activity
ди́вный marvellous

дика́рь (*m.*) savage
догада́ться *pf. of*
  дога́дываться guess
доказа́тельство proof
доро́дный burly
доса́довать (на + acc.) be
  annoyed with
достига́ть/дости́гнуть attain
дохну́ть *pf.* breathe
драгоце́нный valuable
дре́вний ancient
дрема́ть *impf.* doze
дурно́й bad
дух spirit
духо́вная testament, will
души́стый fragrant
дыша́ть *impf.* breathe
дя́дюшка uncle

Е

ежедне́вный daily
ежеча́сный hourly
еле́йность balm
есте́ственно naturally
естествоиспыта́тель (*m.*) natu-
  ralist

Ж

жа́лованье salary
жа́ловаться (на + acc.) blame
же́ртва sacrifice; victim
жечь (жгу, жжёшь) burn
живопи́сный picturesque
животво́рный life-giving
жи́ла vein
жиле́ц inhabitant
жите́йский worldly

З

забагрове́ть *pf.* go crimson

заблиста́ть *pf.* begin to shine
заблужде́ние error
забо́титься (*impf.*) (о + prep.)
  care about
заве́са curtain, veil
заве́тный cherished, secret
загла́вие title
загля́дывать/загляну́ть *impf.*
  look in on
загова́риваться *impf.* to spend
  time in conversation
заду́маться *pf. of*
  заду́мываться be pensive
задыми́ться *pf.* begin to smoke
задыха́ться *impf.* choke
за́живо alive
закра́сться *pf. of*
  закра́дываться steal in
заме́длить *pf. of* замедля́ть
  delay
заменя́ть *impf.* replace
за́навеска curtain
занемога́ть/занемо́чь fall ill
запасти́сь *pf. of* запаса́ться (+
  inst.) stock up (with)
запечатле́ться *pf.* imprint itself
запылённый dusty
запя́тнанный *p.p.p.* stained
зара́за infection
зарде́ться *pf.* grow red
зарыда́ть *pf.* sob
заря́ dawn
затвори́ться *pf. of* затворя́ться
  close
зате́я venture
за́тканный *p.p.p.* woven
затопи́ть *pf. of* зата́пливать
  light (a fire)
затрясти́сь *pf.* shake
зло́ба malice
зна́тный distinguished
знато́к connoisseur
зре́лище sight

И

игри́вость (f.) playfulness
иеро́глиф hieroglyph
избега́ть/избе́гнуть (+ gen.)
    avoid
изве́стие news
изгла́диться pf. of
    изгла́живаться be erased
изголо́вье bed head
изгоня́ть impf. drive out
и́здали from a distance
изда́тель (m.) publisher
изнеможе́ние exhaustion
изобрета́ть impf. invent
изобретённый p.p.p. invented
изумле́ние astonishment
изя́щество elegance
ино́й different
искажённый p.p.p. distorted
и́скра spark
иску́сно skilfully
исполня́ться impf. be fulfilled
испы́тывать/испыта́ть experi-
    ence
исто́чник source
истощи́ться pf. of истоща́ться
    become exhausted

К

казнь torture
камерди́нер valet
кану́н eve
ка́пля drop
капри́зный capricious
каре́та carriage
кашта́новый chestnut
кида́ться impf. rush, throw
    oneself
ки́па pile
кипе́ть impf. seethe

кичли́вость (f.) arrogance
кла́няться/поклони́ться bow
клевета́ть impf. (на + acc.)
    slander
кли́кать impf. call
клок clump
ключа́рь (m.) sacristan
кова́рство cunning
коке́тничать flirt
колдова́ть impf. practise
    witchcraft
колдовство́ witchcraft
коля́ска carriage
коммента́рий commentary
кори́ца cinnamon
коры́сть (f.) self-interest
кра́йность (f.) extremity
кра́ска paint
красноба́й talkative person
криво́й crooked
кро́тость (f.) meekness
крутизна́ steepness
кста́ти opportunely
ку́дри pl. curls
ку́ча heap

Л

ла́вка shop
ласка́ть impf. be nice (to)
лежа́нка stove-bench
ле́топись (f.) manuscript
лихора́дка fever
личи́на mask
ло́жа box (theatre)
ло́кон curl
лорне́тка lorgnette
любе́зный kind
любова́ться impf. (+ inst.)
    admire
любозна́тельный inquisitive
любопы́тный curious

М

малейший least
мало-помалу gradually
малютка child
манить *impf.* beckon, lure
масть suit (cards)
махать wave
маятник pendulum
мгновение instant
мгновенно in an instant
мексиканец Mexican
мелочный petty
мелькать/мелькнуть flash
мертвец corpse
милость (*f.*) mercy
мирской secular
младенческий infantile
мнимый imaginary
могильный sepulchral
молить entreat
мстительный vengeful
мука torment
мучитель (*m.*) tormentor
мытарство tribulation
мщение revenge
мятежный rebellious

Н

набалдашник knob
наблюдение observation
набраться *pf. of* набираться
    find, pick up
навещать/навестить visit
наглость (*f.*) insolence
нагорье height
назначать/назначить appoint
наклонность (*f.*) inclination,
    proclivity
намедни *coll.* the other day
намёк hint
намерение intention

нападение attack
напрячь *pf. of* напрягать
    strain
наследник heir
насаживать/насадить place
насилу *coll.* with difficulty
наслаждение enjoyment
наследство legacy
наслужиться *pf.* serve for long
    enough
насмешливый mocking
наравне on a level (with)
наружность (*f.*) exterior,
    appearance
нарушить *pf. of* нарушать
    violate
наряженные *p.p.p.* smartly
    dressed
наслажденье enjoyment
наставник *obs.* mentor
начертить *pf. of* начертать
    trace
начитанность (*f.*) erudition
нашёптывать *impf.* whisper
небрежность (*f.*) carelessness
невежество ignorance
невинный innocent
невозвратимый irrevocable
невольный involuntary
невыгода disadvantage
невыразимый inexpressible
негодование irritation
недаром not for nothing
недоразумение misunderstanding
недосказанный incomplete
недостаток lack
нежданный *coll.* unexpected
нежели than
неизгладимый inextinguish-
    able
неизъяснимый indescribable
некогда at one time; there is no
    time

нелéпость absurdity
немудренó it is no wonder
необозри́мый boundless
необъя́тный immense
непостижи́мый
   incomprehensible
неправотá injustice
непреклóнно inexorably
непремéнно without fail
непреодоли́мый uncontrollable
непреры́вно constantly
непроница́емый impenetrable
непроходи́мый impassable
нереши́мость (f.) indecision
несмéтный countless
несправедли́вость (f.) injustice
неудáча failure
неумоли́мый implacable
нечáянно unexpectedly
нечётко indistinctly
нéчто something
нечувстви́тельно imperceptibly
ни́тка thread
новорождённый new-born baby
нрав dispostion, character
нравоучи́тельный moralistic
нрáвственный moral
ны́не now
ныть (нóю, нóешь) coll. moan,
   whinge
ня́нюшка nanny

О

обвáливаться impf. collapse
обвивáться impf. twine round
обдáть меня́ óбдало хóлодом
   cold shivers ran through me
обезобрáзить pf. of
   безобрáзить disfigure
обесси́ление loss of strength
обéт vow
обзóр survey

обитáтель (m.) inhabitant
обитáть impf. inhabit
облéпленный p.p.p. stuck
óблик appearance
облóмок fragment
обмáнывать/обману́ть
   deceive
обмáнываться/обману́ться be
   deceived
óбморок faint
обнажённый p.p.p. laid bare
обнимáть impf. embrace
ободри́ть pf. of ободря́ть cheer
   up
обожжёный p.p.p. burnt
обознáчить mark
обознáчиться be revealed
обойти́сь pf. of обходи́ться
   (без) do without
обольсти́тельный seductive,
   alluring
обольщéние seduction
образóванный educated
обрати́ться pf. of обращáться
   be transformed (into)
обру́шиться pf. of
   обру́шиваться fall (upon)
обстоя́тельство circumstance
обтирáться impf. wipe oneself
обхвáтывать impf. embrace,
   clasp
объéздить impf. travel round
объя́тие embrace
объя́занность (f.) duty
оглушáть impf. deafen
огляну́ться pf. of
   огля́дываться look round
óгненный fiery
огорóженный p.p.p. fenced in
ограни́читься pf. of
   ограни́чиваться confine
   oneself (to)
однообрáзный monotonous

одуря́ть *impf.* stupefy
оживля́ть/оживи́ть enliven; bring back to life
ожи́ть *pf. of* ожива́ть come to life
окамене́лый petrified
око́шко window
окружа́ть/окружи́ть surround
онеме́ть *pf.* be struck dumb
опа́мятоваться *pf. obs.* come to one's senses
опеку́н guardian
опо́мниться *pf.* come to one's senses
оправда́ние justification
оправля́ться *impf.* get better
о́пыт experiment
о́пытный experienced
опря́тный neat, tidy
оранжере́я orangery
ору́дие weapon
освеща́ться *impf.* be illuminated
ослепи́ть *pf. of* ослепля́ть blind
осме́ливаться *impf.* venture, dare
основно́й basic
осо́ба person
особли́во especially
осо́бый special
острота́ witticism
остроу́мный witty
осужда́ть *impf.* condemn
отве́тственность (*f.*) reponsibility
отврати́ть *pf. of* отвраща́ть avert
отвраще́ние revulsion
отгада́ть *pf. of* отга́дывать guess
отгиба́ться *impf.* bend back
отдалённый distant

отде́льный separate
откры́тие discovery
отлича́ть/отличи́ть distinguish
отложи́ть *pf. of* откла́дывать put to one side
отме́ченный *p.p.p.* marked
отмсти́ть = отомсти́ть *pf. of* мстить (+ dat.) gain revenge (on)
отнима́ть/отня́ть take away
отодви́нуть move
отпеча́ток imprint
отпуска́ть/отпусти́ть dismiss
о́трасль (*f.*) branch
о́троду о́троду...не *coll.* never
отскочи́ть *pf. of* отска́кивать jump off
отта́лкивать *impf.* push away
отча́яние despair
отча́янный despairing
отчёт account
оты́скивать *impf.* look for
оцени́ть *pf. of* оце́нивать value
оцепене́ние в оцепене́нии frozen to the spot
очарова́ние enchantment
очаро́ванный enchanted, spellbound
очарова́тельный enchanting
очну́ться come to one's senses
ощути́ть *pf. of* ощуща́ть feel
ощуще́ние feeling

П

пансио́н boarding school
пар steam
пасту́х shepherd
пая́ц clown
пепеле́ть turn ash-coloured
пе́пельный ash-coloured

первобы́тный primordial
перебира́ть/перебра́ть run over (in one's mind)
перверну́ть *pf. of* перевора́чивать turn over
пережи́ть outlive
переина́чить *pf. of* переина́чивать alter
перелива́ться *impf.* flow
перепи́сывать *impf.* correspond
переу́лок alley
перепу́тывать *impf.* get confused
перешагну́ть *pf. of* переша́гивать step over
пестрота́ mix of colours
пёстрый many-coloured
печа́тать *impf.* print
печа́ть (*f.*) imprint
пеще́ра cave
пла́менный ardent
плени́ть captivate
пло́тник carpenter
побужде́ние motive
поверя́ть/пове́рить entrust
по́весть (*f.*) tale
по-ви́димому evidently
повинова́ться (+ dat.) obey
пови́снуть *pf. of* повиса́ть hang
по́вод (к) cause (for)
поворо́ти́ть *pf. of* повора́чивать turn
пога́снуть *pf. of* га́снуть be extinguished
поги́бнуть *pf. of* погиба́ть die
погово́рка saying
погрози́ться *pf.* threaten
погрузи́ться *pf. of* погружа́ться (в + acc.) be absorbed (in)
подверга́ться/подве́ргнуться (+ dat.) be subjected to

подвла́стный (+ dat.) subject (to)
подели́ться *pf. of* дели́ться (+ inst.) share
по́дле by the side of
подозрева́ть *impf.* suspect
подро́бно in detail
подро́бность (*f.*) detail
подря́дчик contractor
подчёркнутый *p.p.p.* emphasised, in italics
поеди́нок duel
поздоро́ваться *pf. of* здоро́ваться greet
поки́нуть *pf. of* покида́ть abandon
поко́йник dead man
поколе́ние generation
покриви́ться *pf. of* криви́ться become distorted
покрыва́ло veil, cover
покры́шка cover
поли́ться *pf. of* полива́ться pour
положи́тельный positive
полоса́ stripe
полуме́сяц half moon
полупрозра́чный semi-transparent
по́льзоваться *impf.* (+ inst.) make use of
помеша́ться *pf.* go mad
поня́тие concept
попече́ние care
попра́виться *pf. of* поправля́ться get better
поравня́ться *pf.* (с + inst.) come level with
поража́ть/порази́ть strike
порожда́ть *impf.* give rise to
порожде́ние outcome
поро́чный depraved
пору́чик *obs.* lieutenant

порывистый gusty
посвящать/посвятить dedicate, initiate
посетовать (на + acc.) complain
посинеть *pf. of* синеть turn blue
поскакать *pf.* gallop
последовательность (*f.*) consistency
поспешно hastily
посредством by means of
постоялый двор inn
поступок action
пот sweat
потеря loss
потомок descendant
потомство posterity
потрясать/потрясти shake
потуплять/потупить lower (of gaze)
похвастаться *pf. of* хвастаться (+ inst.) boast
походить (на + acc.) *impf.* be similar (to)
похоронить *pf. of* хоронить bury
почерк handwriting
почернеть *pf. of* чернеть go black
пошевелиться/пошевельнуться *pf. of* шевелиться move, shift
пошлый banal
пощада mercy, pity
пощадить *pf. of* щадить have pity (on)
праведный just
пребравый very handsome
превращаться/превратиться (в + acc.) be transformed (into)
предисловие introduction, preface

предостеречь *pf. of* предостерегать (от) warn (against)
предохранить *pf. of* предохранять (от) protect (from)
предполагать *impf.* suppose
предпринимать *impf.* undertake
предуведомить *pf. of* предуведомлять warn
предуведомление warning
предшествовать *impf.* (+ dat.) precede
прежний former
презреть *pf. of* презирать despise
прелесть (*f.*) charm
преломление refraction
прерываться/прерваться be interrupted
преследовать *impf.* pursue
преступление crime
преувеличивать/преувеличить exaggerate
прибавить *pf. of* прибавлять add
приветливый welcoming
привлекать/привлечь attract
привольный free
приготовление preparation
пригреть *pf. of* пригревать warm
придавливать *impf.* weigh down on
придвинуть *pf. of* придвигать move
приделать/приделывать (к) fix (to)
приезжий visitor
прижать *pf. of* прижимать press (to)
признаваться *impf.* confess

при́знак sign
прикле́еный *p.p.p.* stuck (to)
прикова́ть *pf. of*
прико́вывать weld
прикосну́ться *pf. of*
прикаса́ться touch
прикра́са *coll.* embellishment
прикрепля́ться *impf.* (к) be fastened (то)
прилепи́ть *pf. of* прилепля́ть
(к) stick (to)
прильну́ть *pf. of* льнуть (к)
cling (to)
прима́нка lure
применённый *p.p.p.* applied
приме́та sign
примеша́ться *pf. of*
приме́шиваться be added
приме́шивать *impf.* add
принадле́жность (*f.*)
appurtenance
принуждённый *p.p.p.* compelled
приня́ться *pf. of* принима́ться
(за + acc.) begin
припа́док attack, fit
припи́ска addition; postscript
припи́сывать/приписа́ть (+
dat.) ascribe (to)
приподнима́ться *impf.* raise
oneself a little
прислу́га servant
прислу́жница servant
прислу́шиваться *impf.* listen
присовокупи́ть *pf. of*
присовокупля́ть add
приста́вленный *p.p.p.* placed,
arranged
притво́рный feigned
притво́рство pretence
притво́рствовать *impf.* pretend
притя́гивать *impf.* (к) attract
прихотли́вый capricious

причу́дливый odd, fantastic
пробра́ться *pf. of* пробира́ться
make one's way
пробужда́ть(ся)/пробуди́ть(ся)
wake up
прова́нское ма́сло olive oil
прово́рно quickly
прогнева́ться *pf. obs.* become
angry
прозра́чный transparent
происше́ствие occurrence
промежу́ток gap, interval
проника́ть/прони́кнуть penetrate
проница́тельный penetrating
про́пись (*f.*) copy-book maxim
пропита́ние subsistence
пропуска́ть/пропусти́ть let
pass; omit
проре́зываться *impf.* slash, cut
просвеще́ние enlightenment
просе́ять *pf. of* просе́ивать sift
проста́чо́к simple fellow
простира́ть/простере́ть
stretch, reach out
простоду́шный open-hearted
простра́нство space
проте́чь *pf. of* протека́ть flow
противобо́рствовать *impf. obs.*
(+ dat.) oppose, resist
протяну́ться *pf. of*
протя́гиваться stretch out
проце́сс court case
прохо́жий passer-by
пря́ничник cake-maker
психи́ческий psychic
пу́говица button
пусты́ня desert
пыла́ть *impf.* glow
пы́лкий ardent

Р

равни́на plain
равноду́шие indifference

равноду́шный indifferent
ра́дуга rainbow
разбира́ть/разобра́ть examine
разбо́р examination
разва́ливаться *impf.* collapse
разве́шанный *p.p.p.* hung out
развива́ться *impf.* develop
развлека́ться *impf.* be diverted
развле́чь *pf. of* развлека́ть
distract, divert
развя́зка denouement
развя́зность (*f.*) free-and-easy
manner
разга́дка solution
раздава́ться/разда́ться
resound
раздира́ть *impf.* tear
раздо́р discord, dissension
раздражённый *p.p.p.* excited
раздро́бленный fragmented
разду́мье meditation
разжига́ть *impf.* kindle
различа́ть/различи́ть distinguish, make out
разло́женный *p.p.p.*
dismantled, analysed
разлуча́ть/разлучи́ть separate
размножа́ть *impf.* multiply
размышле́ние meditation
разоря́ть *impf.* ruin
разруша́ть *impf.* destroy
разрыва́ть *impf.* tear to pieces
ра́зум reason
ра́ковина shell
раскалённый red-hot
раскры́ть *pf. of* раскрыва́ть
expose, reveal
распахну́ться *pf. of*
распа́хиваться open wide
располага́ть руко́й offer one's
hand
располага́ться *impf.* resolve,
make up one's mind

расположе́ние disposition
распоряди́ться *pf. of*
распоряжа́ться (+ inst.)
manage, deal with
распоряже́ние order, command
распространя́ться *impf.* spread
рассе́янность (*f.*) distraction
рассе́ять *pf. of* рассе́ивать distract
рассма́тривать *impf.* examine
расспра́шивать *impf.* question
расставля́ть/расста́вить set
out
расста́ться *pf. of* расстава́ться
part
расстро́енный *p.p.p.* dis-
ordered
рассчи́тывать/рассчита́ть and
расче́сть calculate
рассы́панный *p.p.p.* scattered
рассы́паться spatter; crumble
растворя́ться/раствори́ться
open
расто́пленный molten
расчёт calculation
расчётливый thrifty, careful
расшути́ться *pf. obs.* joke
ребя́ческий childish
ребя́чество childish behaviour
реве́нь (*m.*) rhubarb
решётка lattice
ро́денька relation
роково́й fateful
ропта́ть *impf.* (на + acc.)
complain
роско́шный luxurious
ру́бище (*sing. only*) rags
руководи́ть *impf.* (+ inst.)
guide, lead
ру́копись (*f.*) manuscript
румя́нец flush
руче́й stream
рыда́нье sobbing

рыда́ть *impf.* sob
ры́ться *impf.* rummage around
ряди́ть *impf.* clothe

С

са́ван shroud
самозабве́ние selflessness
сби́вчивый confusing
сбли́зиться *pf. of* сближа́ться
  come together, converge
све́дения *pl.* information
сверши́ться *pf.* come to pass
свет light; world; society
свеча́ candle
свива́ться *impf.* twist, wind
свида́ние meeting, rendezvous
свиде́тель (*m.*) witness
свине́ц lead
свинцо́вый leaden
свире́пый ferocious
сво́йство characteristic
сгоре́ть *pf. of* сгора́ть burn
себялю́бие egoism
секунда́нт second (at a duel)
семе́йство family
сеть (*f.*) net
сжа́литься *pf.* (над) take pity
  (on)
си́литься *impf.* make an effort
си́мвол symbol
скала́ cliff
скля́нка phial
скользи́ть/скользну́ть slip
сконча́ться *pf.* die
скопля́ться *impf.* accumulate
скорбе́ть *impf.* (над) grieve
скорбь (*f.*) grief
скри́пнуть *pf.* creak
скрыва́ться/скры́ться
  disappear
сладостра́стный voluptuous
след trace

сле́дственно consequently
словоохо́тливый garrulous
слуга́ servant
сме́тливость (*f.*) quickness of
  mind
смра́дный foul-smelling
сму́глый dark-complexioned
смути́ться *pf. of* смуща́ться
  be embarrassed
сму́тно dimly
смяте́ние confusion, disarray
снисходи́тельность (*f.*) conde-
  scension
сновиде́ние dream
сноше́ние relationship
собесе́дник/собесе́дница inter-
  locutor
соверша́ться *impf.* be com-
  pleted
со́весть (*f.*) conscience
согна́ть *pf. of* сгоня́ть drive
  away
содрога́ние shudder
соединя́ть(ся) *impf.* join
сокращённый *p.p.p.*
  abbreviated
сомкну́ть *pf. of* смыка́ть close
сообщи́ть *pf. of* сообща́ть
  communicate
сопе́рник rival
соста́вить *pf. of* составля́ть
  comprise
сори́ть (деньга́ми) *impf.* throw
  money about
софи́зм sophistry
сохрани́ть *pf. of* сохраня́ть
  preserve
сочини́тель (*m.*) author
спасть fall from
спелена́ть *pf. of* пелена́ть
  wrap
сплете́ние interlacing
справедли́вость (*f.*) justice

сра́внивать *impf.* compare
сраста́ться *impf.* grow together
сре́дство means
сро́ду *coll.* see о́троду
стари́нный old, ancient
стесня́ть *impf.* constrain
сти́снутый *p.p.p.* clenched
столб pillar
столе́тие century
страда́ние suffering
страда́ть *impf.* suffer
странни́ческий vagrant
стра́нствование wandering
страсть (*f.*) passion
стре́лка hand (of clock)
стропи́ло rafter
струи́ться *impf.* stream
стря́пать *impf. coll.* cook
субъе́кт interesting (medical) case
суд court
су́дорога convulsion
су́дорожный convulsive
судья́ judge
суеве́рие superstition
суему́дрие *obs.* wisdom
суети́ться *impf.* bustle
сужде́ние judgement
сумасше́дший mad
сумасше́ствие madness
су́мрачный gloomy
супру́жество relationship
суро́вый severe
существо́ being

Т

таи́ть hide
таи́нственный secret
та́йна secret
та́лия waist
тверди́ть *impf.* keep on saying

тепе́решний *coll.* present, of today
терза́нье torment
терза́ть *impf.* torment
теснота́ crowded state, crush
те́сный crowded
тётушка aunt
тироле́ц Tyrolean
тлеть (*f.*) rot, decay
толкова́ть interpret; talk
толпи́ться *impf.* crowd
том volume
томле́ние languor
торча́ть stick up
трево́жить/встрево́жить alarm
тре́пет trembling
треск crash
трость (*f.*) cane
труба́ chimney
труди́ться *impf.* work
турк Turk
ту́склый dim
тща́тельный painstaking
тще́тно in vain
тя́жба *obs.* lawsuit
тя́жкий serious
тяну́ться/потяну́ться stretch

У

уведомле́ние notification
уведомля́ть *impf.* inform
увели́чиваться *impf.* increase
увертю́ра overture
уверя́ть/уве́рить assure
увеща́ние exhortation
увле́чь *pf. of* увлека́ть take away
уга́дывать/угада́ть guess
уда́ча success
удовлетворя́ть/удовлетвори́ть satisfy
у́дочка fishing rod

уединéние solitude
уединя́ть *impf.* isolate
укори́зна reproach
украшéние decoration
укроща́ть *impf.* tame
укры́ться *pf. of* укрыва́ться
   (от) hide (from)
умертви́ть *pf. of* умерщвля́ть
   destroy
умори́ть *pf. of* мори́ть tire out
уничтожа́ть/уничтожи́ть
   destroy
уны́лый dejected
упрёк reproach
уро́дливость (*f.*) ugliness
уса́дьба estate
усéрдие zeal
усéсться *pf. of* уса́живаться
   sit down
услу́ги к твои́м услу́гам at
   your service
успока́ивать/успоко́ить calm
   down
уста́ *obs.* mouth
устреми́ть *pf. of* устремля́ть
   direct
устреми́ться *pf. of*
   устремля́ться be fixed
   (upon)
устро́йство arrangement
утéшный *obs.* consoling
утончённый refined
ухищрéние contrivance, trick
уча́стие participation
уча́стник participant
у́часть (*f.*) fate, lot

Ф

фрак tail-coat
фуфа́йка jersey

Х

хи́трый cunning
хладнокро́вие sang-froid
хоро́шенький pretty
хохота́ть/захохота́ть laugh
   loudly
храни́ть *impf.* keep

Ц

цепь (*f.*) chain

Ч

чертёнок demon
чистопло́тный clean, decent
член limb
чрезвыча́йный extraordinary
чудо́вище monster
чужо́й unknown

Ш

швéйца́р doorkeeper
шевели́ться *impf.* move
шёпот whisper
шерéнга file, column
шпо́ра spur

Щ

щу́пать *impf.* feel

Я

явлéние happening
я́вный clear
я́вственный clear
я́рость rage
ясновидя́щий clairvoyant